全面发展视域下的高原运动教育研究

张李强 著

中山大學出版社
SUN YAT-SEN UNIVERSITY PRESS

·广州·

图书在版编目（CIP）数据

全面发展视域下的高原运动教育研究/张李强著. —广州：中山大学出版社，2024.9

ISBN 978 - 7 - 306 - 08017 - 2

Ⅰ.①全…　Ⅱ.①张…　Ⅲ.①高原—体育运动—运动训练—教学研究　Ⅳ.①G808.1

中国国家版本馆 CIP 数据核字（2024）第 033451 号

出 版 人：王天琪
策划编辑：嵇春霞　李先萍
责任编辑：李先萍
封面设计：曾　斌
责任校对：徐　晨
责任技编：靳晓虹
出版发行：中山大学出版社
电　　话：编辑部 020 - 84110283，84113349，84111997，84110779，84110776
　　　　　发行部 020 - 84111998，84111981，84111160
地　　址：广州市新港西路 135 号
邮　　编：510275　传　真：020 - 84036565
网　　址：http://www.zsup.com.cn　E-mail：zdcbs@mail.sysu.edu.cn
印 刷 者：广东虎彩云印刷有限公司
规　　格：787mm×1092mm　1/16　12 印张　213 千字
版次印次：2024 年 9 月第 1 版　2024 年 9 月第 1 次印刷
定　　价：42.00 元

本书的出版得到西藏民族大学学术著作资助项目、教育部人文社会科学研究青年基金项目（项目批准号：19XZJC890001）、西藏自治区教育科学研究项目（项目批准号：XZEDIP240011）的资助

前　言

党的二十大胜利召开，标志着我国迈上全面建设社会主义现代化国家的新征程。习近平总书记指出，人才是实现民族振兴的战略资源。青年一代有理想、有本领、有担当，国家就有前途，民族就有希望。西藏地处青藏高原腹地，是我国重要的边疆民族地区，国家历来非常重视西藏工作，习近平总书记指出："治国必治边，治边先稳藏。"① 西藏是以藏族为主的多民族聚居区，除了面对我国社会的主要矛盾，西藏各族人民还面临着同反华势力斗争保护下一代的特殊矛盾。这也说明了西藏在国家安全和边疆治理中的战略地位至关重要。

学校体育对促进学生全面发展具有不可替代的作用，对此，西藏地区体育课要与思想政治课同向同行，尽力保证各个教育阶段的学生在体育活动中享受乐趣、增强体质、健全人格、锤炼意志。

西藏是矗立在我国西南边陲的安全屏障、生态屏障，平均海拔约 4000米，是青藏高原的主要地脉，是藏族人民的聚居区，具有高海拔、低氧低压、低气温、风大、紫外线照射强等特点②，2021 年底全区常住人口为366 万人③。此外，林芝市最低海拔约 1600 米。人在超过 1500 米的高度，机体最大摄氧量会随海拔升高而下降，每升高 100 米摄氧量会下降 1%。④

西藏自治区作为我国重要的政治、经济与战略发展区域，改革开放以

---

① 《治国必治边，治边先稳藏》，见人民网（theory. pople. com. cn/n1/2018/0903/c40531 - 30268911. html），最后访问日期：2023 年 8 月 12 日。

② Bianba B, Yangzong Y, Gonggalanzi G, et al. "Anthropometric measures of 9 - to 10 - year - old native Tibetan children living at 3700 and 4300 m above sea level and han Chinese living at 3700 m", *Medicine*（*Baltimore*），2015, 94（42），pp. 1 - 7.

③ 《西藏概况》，见西藏自治区人民政府网（http://www. xizang. gov. cn/rsxz/99jj/2018121 + 20181221_34484. html），最后访问日期：2023 年 8 月 10 日。

④ 参见席焕久《藏族的高原适应：西藏藏族生物人类学研究回顾》，载《人类学学报》2013 年第 3 期，第 247 - 255 页。

来，社会与经济发展取得了长足进步，但受制于自然环境、交通等客观现实因素，其整体发展水平仍未达到全国平均水平。[①]《中国统计年鉴2015》显示[②]，2014 年西藏 GDP 水平位列全国 31 个省（包括自治区、直辖市）中最后一位，人均 GDP 排名倒数第四（倒数前三分别是甘肃、贵州、云南），西藏仍属于贫困地区。

党的二十大报告明确提出，教育、科技、人才是全面建设社会主义现代化国家的基础性、战略性支撑。由此可见，教育是现代化建设的重要战略举措，而学校体育是教育不可或缺的重要构成部分，但受限于特殊的自然环境，西藏学校体育改革与发展面临重重阻碍，如某些指导思想落实不到位，教学理念不能与时俱进，体育教学方法落后、内容陈旧、评价不科学不全面等。针对西藏学校体育教育的现状，相关部门有必要进行深入的教学改革，进一步落实"教会、勤练、常赛"，有效提升学校体育教和学的质量，真正落实学校体育立德树人的根本任务，为西藏培养健康、全面发展的后备人才。国内外关于学校体育教学模式的研究与实施发展趋于成熟。其中，美国俄亥俄州立大学荣誉教授西登托普（Daryl Siedentop）于 1982 年在国际高等教育体育协会（International Association for Physical Education in Higher Education，AIESEP）大会首次提出的运动教育模式（sports education model，SEM）能够有效促进学校体育教学的开展。鉴于此，本书在总结高原（西藏地区）学校体育教学现状、学生体质健康水平的基础上，探索如何在体育教学中借鉴运动教育模式，以期提高学校体育教学质量及西藏地区学生体质健康水平。

本书共分为七章。其中，第一章为绪论，论述了研究的背景、目的和意义，有助于明确本书的价值，并把握西藏学校体育教学的概况。第二章为新时代高原学校体育问题及发展对策，主要对藏族儿童青少年的视力、体质状态、体育活动态度、身体活动行为状态等进行理论与实证研究，剖析西藏学校体育的潜在问题，为西藏学校体育教学借鉴运动教育模式提供理论基础。第三章为新时代高原学校体育教学的现状及相关研究，主要阐释新时代高原学校体育教学的相关概念与重要性，并从理论与实证的视角

---

① 参见西藏自治区统计局《西藏统计年鉴 2015》，中国统计出版社 2015 年版，第 17－20 页。

② 参见中华人民共和国国家统计局《中国统计年鉴 2015》，见国家统计局官网（http://www.stats.gov.cn/tjsj/ndsj/2015/indexch.htm），最后访问日期：2023 年 10 月 16 日。

初步梳理了高原学校体育教学开展现状及从体育教学模式入手进行教学改革的重要性与必要性。第四章为新时代高原学校体育借鉴运动教育模式的基本理论，为本书提供思想指导。第五章为新时代高原学校体育借鉴运动教育模式的理论研究，主要对相关概念、运动教育模式在国内外的应用情况进行系统深入的阐述。第六章为新时代高原中小学借鉴运动教育模式教学的探索，在西藏中小学体育师资相对匮乏的情况下，探索在西藏中小学体育教学中借鉴运动教育模式的先行经验。第七章为新时代高原网球教学借鉴运动教育模式的探索，以网球运动为例，阐释新时代西藏地区网球教学借鉴运动教育模式在运动技能、体质健康提升等方面的实施效果，为后期推广网球运动提供可行性依据和参考。

在撰写本书的过程中，笔者不仅参阅、引用了国内外诸多研究成果，还拜访了运动领域有经验的专家、学者以及一线的体育教学工作者，也得到了同事、朋友的鼎力相助。在此对给予我帮助的老师、朋友表示衷心的感谢。限于笔者写作水平，书中难免会出现纰漏，恳请同行专家以及广大读者朋友们批评指正。

张李强

2024 年 3 月

目　　录

第一章　绪　论

第一节　研究背景

一、自然环境是高原地区青少年身体活动与健康促进的天然屏障

自然环境是生态系统的重要组成部分，是人类赖以生存和发展的必要基础和前提条件。人与自然环境密切相关，并受自然环境的制约。[①] 西藏是青藏高原的主体，位于我国西南边陲，约占中国领土面积的 1/8，是中国面积第二大的省份。西藏自然环境的主要特征如下：①面积大，人口少，西藏常驻人口不足 300 万人[②]，这片广袤的雪原上久居人口每平方公里不足 4 人[③]。②冰雪覆盖，气候寒冷。大气对流层内，海拔每升高 100 米，气温会下降 0.6 ℃。青藏高原大部分地区平均气温较低，最低气温可达零下 40 ℃，甚至在高原腹地全年没有夏天，西藏境内现代冰川总面积可达 2.74 万平方公里。③氧气少，气压低。通常海拔每升高 100 米，大气压下降 5.9 毫米汞柱，氧分压下降 1.2 毫米汞柱（标准气压下，1 个大气压为 760 毫米汞柱，氧分压为 156.5 毫米汞柱）。据报道，拉萨年平均大气压为 489.1 毫米汞柱，氧分压为 101.89 毫米汞柱。可见，拉萨的氧气要比平原地区约少 30%，这显然会在很大程度上影响当地青少年的身体活动。④日照长，紫外线辐射强。西藏的太阳年辐射量在 586.2 ～ 795.54

[①] 参见童玉芬《首都人口与环境关系：理论与实证研究》，中国劳动社会保障出版社 2012 年版，第 1 页。

[②] 参见刘万江《迈向第三极：认识西藏》，中国方正出版社 2006 年版，第 3–5 页。

[③] 参见《亲历者》编辑部编著《西藏旅行 Let's Go》，中国铁道出版社 2019 年版。

千焦（平方厘米/年），年日照时数为 2400 ～ 3400 小时，日照率为40% ～ 80%，西藏拉萨素有"日光城"之称。⑤年温差小，日温差大。青藏高原年温差一般较东部同纬度地区小，日温差较大，年均日温差为11.1 ～ 16.1 ℃，其中，1 月份日温差最大，为 12 ～ 20 ℃，7 月份日温差约为 11 ～15 ℃。由此可见，西藏的自然环境异常恶劣，这对藏族群众的生产生活会产生巨大影响。例如，西藏很多地区不适宜发展种植业，很难种植水果蔬菜，因此，当地人们的饮食结构相对单一，以肉食为主。

　　青藏高原极端恶劣的生存环境对藏族青少年身体活动的影响是客观存在的，学者们应从生活方式、社会组织、风俗习惯以及宗教信仰等对藏族青少年身体活动与健康的影响进行深入考量，帮助与促进藏族青少年健康发展。研究表明，由于环境、气候、文化氛围及风俗等多方面的差异，来平原地区求学的藏族青少年进入新环境后受众多因素的冲击与影响，其心理适应状况总体上不如汉族学生。[1] 近六成的西北少数民族大学生不能及时适应大学生活。[2] 可见，环境对人的身体活动、生活、健康等有着较大的影响。因此，藏族青少年在面对西藏异常恶劣的自然环境条件时，如何科学有效地进行身体活动是极其值得深入探讨的问题之一。同时，西藏地区特殊的自然环境对藏族青少年身体活动的影响，相较于国内大部分低海拔地区更为显著。

二、国家政策引领，助推学校体育教学改革有效落地

　　《国家中长期教育改革与发展规划纲要（2010—2020 年）》明确指出："加强体育，牢固树立健康第一的思想，确保学生体育课程和课余体育活动时间，提高体育教学质量，加强心理健康教育，促进学生身心健康、体魄强健、意志坚强。"党的十八届三中全会审议通过的《中共中央关于全面深化改革若干重大问题的决定》也强调："强化体育课和课外体育锻炼，促进青少年身心健康、体魄强健。"但是改革情况并不乐观，站在立德树人的巨塔上瞭望学校体育，我们发现体育课程模式需要改进，以凸显体育的育人功能。

----

　　① 参见康育文、康湘文《内地某高校藏族大学生心理适应现状分析》，载《中国学校卫生》2009 年第 8 期，第 750 – 751 页。

　　② 参见杨萍《西北少数民族大学生文化适应中的几个突出问题研究——以兰州市三高校的回族、藏族、蒙古族、维吾尔族大学生为例》（博士学位论文），兰州大学，2008 年。

三、健康中国背景下，学校体育助力学生健康成长

从课内外体育活动参与情况来看，多数藏族学生较喜欢体育，但是面对有组织的课堂技战术练习会觉得枯燥无聊，不愿学习，且健康意识问题突出。尤其是藏族大学生的健康状况令人担忧。学者研究表明，藏族大学生吸烟率高于汉族大学生，且大部分藏族大学生对吸烟的危害认识不足[①]；藏族大学生的作息时间、运动参与程度和饮食习惯等都存在显著差异[②]。郭慧芳（2018）比较某校藏族大学生 2013 年和 2017 年的体质指标发现，男生肥胖率和超重率均下降，低体重率上升，女生肥胖率有所上升；男生体质健康各项素质综合得分均值由 2013 年的 68.78 分下降至 2017 年的 68.54 分，女生由 2013 年的 64.07 分上升至 2017 年的 64.09 分，差异均有统计学意义；总体上藏族大学男生的身体素质呈下降趋势，女生身体素质有所上升但均值低于男生。[③] 综上所述，高原大学生体育与健康状况不容乐观，需要进一步思考如何通过学校体育教学让更多的学生在体育活动中能够真正享受乐趣、增强体质、健全人格、锤炼意志。

四、借鉴运动教育模式有助于促进学生健康全面发展

近年来，国民体质监测数据表明，学生身体活动水平、身体素质和体质健康水平持续下降，运动猝死事件时有发生。这引起了国家和社会的极大关注，也促使人们不断反思体育教育中的不足，寻找提高学生体质健康的方法。此外，在我国"立德树人"背景下，为适应日益激烈的人才竞争，相关部门要求学校体育教学更注重培养健康全面发展的人。所以，过去注重单项技术的"三基"教学，已不太适应时代发展步伐和国家所提倡的因材施教的理念，很难关注个体差异，不利于学生个性的培养和全面发展（潘颖 等，2006）。

运动教育模式（sport education model，SEM）是一个以游戏理论为指

---

① 参见耿献伟、杨建军、李侠功《藏族与汉族大学生吸烟情况比较》，载《中国学校卫生》2011 年第 6 期，第 705 – 706 页。

② 参见尹小俭、孙辉、李玉强《藏族大学生生活习惯与健康状况调查与分析》，载《体育学刊》2010 年第 9 期，第 72 – 75 页。

③ 参见郭慧芳《藏族高校学生 2013 与 2017 年体质健康比较》，载《中国学校卫生》2018 年第 11 期，第 1726 – 1729 页。

导思想，以赛季为教学单元、比赛为主线，教师直接指导、注重合作学习的方式，以固定分组、角色扮演为组织形式的课程与教学模式，为不同运动水平的学生提供了真实、丰富且有教育意义的运动体验情景（比赛）（Siedentop，1994）。在比赛过程中，体育教师主要给学生提供运动指导，并逐渐将课堂组织交给学生（Stillwell et al.，2006），促使学生积极地参与，适当地增长其知识、技术（Kulinna et al.，2008），帮助其成为有运动能力（competent）、懂运动文化（literate）和热衷于（enthusiastic）体育运动的人。

五、借鉴运动教育模式有助于激发学生的运动参与兴趣

从学生的体育活动参与度来看，学生对体育有着较强的兴趣和较高的参与度，然而从体育课的习练情况来看，存在一定比例的学生不够积极的现象，在课堂上进行有组织的单纯技战术练习时尤为突出。可见，学生喜欢体育却不喜欢体育课的现象较普遍。究其原因是体育教学内容乏味、教学过程缺乏趣味性、教学评价片面，无法充分满足学生的需求。在 SEM 教学中，学生技能学习效果要明显好于传统的常态化教学，且该教学模式能激发学生的体育参与兴趣（Alexander et al.，2011；Grant et al.，1992）。

因此，激发学生运动参与兴趣，引导学生在真实、复杂的比赛情境中体验运动乐趣，加强问题解决导向的课程教育教学模式，是有效提高学生学习效率、改善其身心健康、使其灵活应用技战术的符合时代导向的课堂模式。

六、借鉴运动教育模式有助于改善现有体育教学方式的局限性

现行体育教学方式存在一定的局限性，如教学方式单一、内容枯燥，不能吸引学生主动参与；教师总体上更注重运动知识的讲解与示范及单个技术动作的传授，缺乏对学生技战术应用能力的培养，学生的运动技能学习与应用能力得不到提高，导致学生学过技术却不会应用技术。甚至一些体育教师心理上有倦怠，导致课堂纪律松散。这种课堂很难培养学生主动探求未知、独立解决问题，以及发展自我关心、爱护他人的能力，德智体美全面发展也就无从谈起了（殷永敬，2005），与把学生培养成能运动、

会运动、爱运动的体育爱好者的目标相去甚远。SEM 通过比赛的形式提高学生对技战术知识的掌握（Peter et al.，2000），而且随着时间的推移，学生会更喜欢技战术学习、更期望自我提高并体验成功（Grant et al.，1992）。这对于我们探索如何在体育课堂上提高学生对运动技术和战术的应用能力具有重要意义。

学生健康水平持续下降已引起广大体育与健康工作者，乃至全国各族人民的高度注视。对此，有人认为学校体育与健康课程是改善这一现象不可或缺的一环。[①] 与之相对应，我国已开始借鉴国外先进成熟的课程模式开展教学与研究，传统教育模式逐渐开始转向全面化的素质教育。[②]

在我国学校体育与健康课程改革之际，笔者梳理了国内外 SEM 的相关研究成果，SEM 在改善学生体育学习行为和运动参与、提高学生比赛或活动中技战术的应用能力、培养个人责任等方面有着较好作用，但是，SEM 是在欧美文化背景下诞生的一种课程与教学模式，因此，我们有必要在课程标准的指导下，结合我国学校体育与健康教育的实际情况，考虑如何更好地借鉴 SEM，以推进我国学校体育与健康课程的改革和发展。

第二节　研究目的

党的二十大报告中，习近平总书记旗帜鲜明地提出中国共产党迈上新时代新征程，全国各族人民要全面建设社会主义现代化强国、实现第二个百年奋斗目标，以中国式现代化全面推进中华民族伟大复兴。实现中华民族伟大复兴无疑需要加强教育质量，提升人才培养质量。学校体育作为教育的重要组成部分，守好自己的"一段渠"、种好自己的"责任田"，与思政课程同向同行、协同育人是落实立德树人根本任务的具体体现。因此，本书基于笔者对西藏学校体育的长期教学实践观察、理论研究，旨在借鉴国际上应用广泛、发展成熟的 SEM，为深化推进我国学校体育教育教学改革，提升西藏学校体育教育教学质量提供启发与参考。

---

① 参见曾海、张颖、刘安清等《当代体育课程个人与社会责任模式（TPSR）的发展解析》，载《北京体育大学学报》2016 年第 1 期，第 89－95 页。

② 参见朱德全、宋乃庆主编《课程教学模式论：中学教育与农村建设》，人民教育出版社2011 年版。

第三节　研究意义

一、落实立德树人根本任务，铸牢中华民族共同体意识

党的二十大报告明确指出，团结带领全国各族人民建成社会主义现代化强国、实现第二个百年奋斗目标，以中国式现代化全面推进中华民族伟大复兴是中国共产党的中心任务。[①] 实现中华民族伟大复兴无疑需要以铸牢中华民族共同体意识为主线，坚定不移走中国特色解决民族问题的正确道路，构筑中华民族共有精神家园，促进各民族交往、交流、交融，推动各民族加快现代化建设步伐。习近平总书记站在党和国家事业发展全局的战略高度，深入阐明了铸牢中华民族共同体意识的重大意义。[②] 中华民族共同体意识是一种集体认同，[③] 树立中华民族共同体意识事关如何团结各族人民，推动建设新时代中国特色社会主义、实现中华民族伟大复兴中国梦，机遇与挑战并存。对此，党中央提出铸牢中华民族共同体意识，促进各族人民守望相助，助力民族团结进步，顺利实现民族复兴的伟大梦想。

意识是人特有的精神活动，中华民族共同体意识的确立也是铸牢精神的过程，而教育则是铸牢中华民族共同体意识的重要途径。[④] 学者们强调学校通过培育中华民族共同体意识能够有效应对新时代价值多元冲击对大学生造成的深层次的信仰危机与价值困惑[⑤]，尤其在民族院校、边疆民族院校培育中华民族共同体意识能够有效增强学生对中华民族的文化认同、

---

① 参见张学敏、胡雪涵《中华民族共同体意识教育进课程：特殊价值、嵌入逻辑与实施路向》，载《课程·教材·教法》2023 年第 1 期，第 13 – 19 页。

② 参见人民日报评论员《深刻认识铸牢中华民族共同体意识的重大意义：论学习贯彻习近平总书记中央民族工作会议重要讲话》，见新闻网（http://www.gov.cn/xinwen/2021 – 08/30/content_5634055.htm），最后访问日期：2021 年 8 月 30 日。

③ 参见高承海《中华民族共同体意识：内涵、意义与铸牢策略》，载《西南民族大学学报（人文社会科学版）》2019 年第 12 期，第 24 – 30 页。

④ 参见赵心愚《教育视域下的铸牢中华民族共同体意识》，载《民族学刊》2021 年第 2 期，第 1 – 8、92 页。

⑤ 参见郭颖、余梓东《大学生中华民族共同体意识培育研究》，载《学校党建与思想教育》2020 年第 22 期，第 68 – 70 页。

政治认同、身份认同与价值认同①，还能促进各民族学生之间的广泛交往、交流、交融，逐步构筑各民族学生共有的精神家园并深化民族团结进步。②在此背景下，学校体育教学应主动将中华民族共同体意识教育纳入其中，充分培育"为国争光、无私奉献、科学求实、遵纪守法、团结协作、顽强拼搏"的中华体育精神，进而有效应对实现中华民族伟大复兴的中国梦过程中可能遇到的各类巨大的民族风险隐患和挑战。因此，学校体育要加强对青少年的中华体育精神的培养与塑造。青少年时期是价值观形成和塑造的关键时期③，学校体育应根据他们的身心特点、运动技能发展规律，有效结合思想政治教育，在落实教会、勤练、常赛的课程改革进程中促进学生增强体质、健全人格、锤炼意志、享受乐趣，切实完成学校体育立德树人的根本任务。然而，目前关于学校体育铸牢中华民族共同体意识教育方面的探讨还较薄弱，相关教育实践也大多流于形式。鉴于此，本书以学校体育铸牢中华民族共同体意识的内涵和价值为切入点，探索其现存困境和实践路径。

二、丰富学校体育教学模式，为体育教学改革提供参考

我国中西部欠发达地区体育教师大多采用传统方式进行体育教学，但由于班级人数过多和场地器材不足，学生的课内运动负荷不足，体育课效果欠佳。运动教育模式下，教师需要根据班级规模、学生实际状况组织教学并结合自身特点及运动教育模式的组织形式和方法，提升自身的教学能力，让教学组织形式变得更加灵活、系统。运动教育模式在公共体育网球选修课教学实践中被证明是有成效的，可以给相关院校的公共体育教学改革，特别是隔网类小球教学提供重要参考与启发。

---

① 参见彭尚源《少数民族大学生的中华民族共同体意识培育途径研究》，载《民族学刊》2020 第 1 期，第 8 – 13、121 – 122 页。

② 参见钟梅燕、贾学锋《民族院校铸牢中华民族共同体意识的实践研究》，载《北方民族大学学报》2021 年第 6 期，第 156 – 163 页。

③ 参见赵国详、单格妍、李永鑫《河南省大学生在新冠肺炎流行期间心理援助需求的调查研究》，载《河南师范大学学报（哲学社会科学版）》2020 年第 3 期，第 150 – 156 页。

三、发展学生综合能力，提升学生"我要学、会运动"的能力

现行的体育教学方式存在一定的局限性，部分教师更多注重知识传授、单个技术动作学习，忽略了学生运动技战术应用能力的提高，导致学生只了解知识和掌握单个技术动作，不能融会贯通地应用技术，这是我国许多学生掌握了技术却不善比赛的重要原因。理论上，SEM新颖的组织方式和角色扮演形式等能让学生有不同的情感体验与行为表现，SEM以比赛贯穿教学始终，能让学生在比赛中学习知识与技能，特别是能够让学生在不断的比赛中应用所学知识与技能。

第二章　新时代高原学校体育问题及发展对策

第一节　高原藏族小学生视力不良的流行病学调查研究

　　2019 年，WHO（世界卫生组织）公布的《世界视力报告》表明，2010 年全球近视人数达 19.5 亿，2030 年将达 33.6 亿，2050 年将达 47.58 亿（占全球总人口的 49.8%），而高度近视人数将达 9.38 亿。[1] 中国人口众多，Pan 等（2012）的研究指出，中国是世界上儿童青少年近视率检出最高的国家之一[2]，且呈现逐年上升和低龄化倾向。[3][4][5] 相关调查结果显示[6]，总体近视率高达 53.6%，初中生（71.6%）、高中生（81.0%）近视率逐渐升高，其中 24 个省的学生近视率超过 50%，15 个省的近视率高于全国平均水平。[7] 近视正成为严重影响中国儿童青少年健康的重要问题

---

　　[1]　Holden B A, Fricke T R, Wilson D A, et al. "Global prevalence of myopia and high myopia and temporal trends from 2000 through 2050", *Ophthalmology*, 2016, 123 (5), pp. 1036 – 1042.

　　[2]　Pan C, Ramamurthy D, Saw S. "Worldwide prevalence and risk factors for myopia", *Ophthalimic and Physiological Optics*, 2012, 32 (1), pp. 3 – 16.

　　[3]　参见陶芳标、潘臣炜、伍晓艳等《户外活动防控儿童青少年近视专家推荐》，载《中国学校卫生》2019 年第 5 期，第 641 – 643 页。

　　[4]　参见周佳、马迎华、马军等《中国 6 省市中小学生近视流行现状及其影响因素分析》，载《中华流行病学杂志》2016 年第 1 期，第 29 – 34 页。

　　[5]　参见董彦会、刘慧彬、王政和等《2005—2014 年中国 7—18 岁儿童青少年近视流行状况与变化趋势》，载《中华预防医学杂志》2017 年第 4 期，第 285 – 289 页。

　　[6]　参见国家卫生健康委员会、教育部、财政部《2018 年全国儿童青少年近视调查》，见中华人民共和国中央人民政府网（http://www. nhc. gov. cn/xcs/s7847/201904/e9117ea8b6b84f48962e84401d305292. shtml.），最后访问日期：2019 年 4 月 10 日。

　　[7]　参见樊泽民、刘立京、张伟等《教育部落实〈综合防控儿童青少年近视实施方案〉进展综述》，载《中国学校卫生》2019 年第 10 期，第 1449 – 1452 页。

之一。① 2018 年习近平总书记曾先后对学生近视防控工作作了重要指示。随后，国家卫生健康委会同国务院和教育部、体育总局等多部门联合颁布了《儿童青少年近视防控适宜技术指南》《综合防控儿童青少年近视实施方案》等政策文件。2019 年 7 月 25 日，陈宝生部长在全国推进健康中国行动电视电话会议上提出，"持续推进近视防控是教育部实施中小学健康促进行动计划的一项重要内容"②。可见，儿童青少年的近视防控工作已经上升为国家战略，加强小学生近视防控是一项健康工程。

藏族中小学生是实现中华民族伟大复兴不可或缺的强有力后备军，然而从马蕊等（2019）对 2014 年中国 26 个少数民族中小学生视力调查结果的分析发现，藏族学生的视力不良检出率最高，且呈现出低龄化趋势。③这将严重影响藏族学生的全面健康。有研究认为，可能是民族起源、宗教信仰与生活习俗等造成了藏族学生近视率高于其他民族。④⑤ 可见，藏族学生的近视问题严峻，但是专门关于西藏藏族学生视力问题的横断面研究稀少。本章选取了拉萨市区和县城各 2 所小学展开调查，旨在了解拉萨市藏族小学生近视现状。

一、数据来源

笔者于 2019 年 5 月调研了拉萨市区的 2 所小学（简称"市区"）（城关区藏热小学、城关区纳金小学）和 2 所县城小学（简称"县城"）（曲水县小学、曲水县达嘎乡小学），共 524 名学生。其中，5 年级 271 名，6年级 253 名；男生 248 名，女生 276 名；市区 313 名，县城 211 名。被调研者知情并同意本研究数据采集，本研究经过华东师范大学学术伦理委员会审核。

---

① 参见王炳南、王丽娟、陈如专等《儿童青少年睡眠与近视关系的研究进展》，载《中国学校卫生》2020 年第 2 期，第 313－316 页。
② 参见樊泽民、刘立京、张伟等《教育部落实〈综合防控儿童青少年近视实施方案〉进展综述》，载《中国学校卫生》2019 年第 10 期，第 1449－1452 页。
③ 参见马蕊、贾志强《中国部分少数民族中小学生视力不良流行特征分析》，载《中国公共卫生》2019 年第 5 期，第 529－533 页。
④ 参见钱美玲、李正红、白慧玲等《临夏州多民族青少年近视患病率调查及相关因素分析》，载《国际眼科杂志》2018 年第 6 期，第 1105－1108 页。
⑤ 参见吴含春、付玲玲《克拉玛依市不同民族中小学生近视眼危险因素分析》，载《国际眼科杂志》2014 年第 7 期，第 1298－1302 页。

二、研究方法

本研究以分层随机、整群抽样方法，以 5 米标准对照视力表采集拉萨市藏族小学生视力情况。裸眼视力小于 1.0 被视为近视。以 SPSS 22.0 统计与分析拉萨市藏族小学生的视力情况。其中，采用 α^2 检验分析年级、性别、区域分类下的视力检出情况。

三、研究结果

1. 拉萨市区和县城藏族小学生视力检出情况

表 2 - 1 显示，被调研的拉萨市藏族小学生中，市区有 155 名（73.1%）近视、158 名（50.6%）不近视，县城有 57 名（26.9%）近视、154 名（49.4%）不近视；市区和县城学生近视与不近视的差异非常显著（$P < 0.01$）。男生 91 名（42.9%）近视、157 名（50.3%）不近视，女生 121 名（57.1%）近视、155 名（49.7%）不近视；5 年级 108 名（50.9%）近视、163 名（52.2%）不近视，6 年级 104 名（49.1%）近视、149 名（47.8%）不近视；被调查的藏族小学生近视与不近视无显著的性别、年级差异（$P > 0.05$）。

表 2-1　拉萨市区和县城藏族小学生视力检出情况

		近视		不近视		α^2 值	P 值
		人数/名	占比/%	人数/名	占比/%		
区域	市区	155	73.1	158	50.6	26.502	0.000
	县城	57	26.9	154	49.4		
性别	男	91	42.9	157	50.3	2.77	0.096
	女	121	57.1	155	49.7		
年级	5	108	50.9	163	52.2	0.085	0.770
	6	104	49.1	149	47.8		

注：$P < 0.05$ 表示统计学差异显著，$P < 0.01$ 表示统计学差异非常显著。下同。

2. 拉萨市近视藏族小学生差异比较

表 2 - 2 显示，被调查的拉萨市区五年级藏族女生近视率（49.5%）

高于男生（40.3%），县城男生近视率（65.5%）略高于女生（64.3%）；市区 6 年级男生近视率（59.7%）高于女生（50.5%），县城男生近视率（34.5%）则略低于女生（35.7%）；男、女生近视率都无显著的性别差异（$P > 0.05$）。

表 2-2　拉萨市近视藏族小学生差异比较

		5 年级		6 年级		α^2 值	P 值
		人数/名	占比/%	人数/名	占比/%		
市区	男	25	40.3	37	59.7	1.252	0.263
	女	46	49.5	47	50.5		
县城	男	19	65.5	10	34.5	0.009	0.922
	女	18	64.3	10	35.7		

表 2-3 显示，被调研的拉萨市藏族小学生中，县城 5 年级的学生近视率都高于市区，市区 6 年级近视率高于县城，且男生有显著的区域差异（$P < 0.05$）。市区 6 年级学生近视率高于 5 年级，而县城则是 5 年级近视率高于 6 年级，即县城学生的近视率呈现低龄化趋势。

表 2-3　拉萨市近视藏族小学生的区域差异

		5 年级		6 年级		α^2 值	P 值
		人数/名	占比/%	人数/名	占比/%		
男	市区	25	40.3	37	59.7	5.022	0.025
	县城	19	65.5	10	34.5		
女	市区	46	49.5	47	50.5	1.898	0.168
	县城	18	64.3	10	35.7		

四、分析与讨论

近视对儿童青少年学习、生活都会造成不便。[①] 一项对日本 276 名 10—19 岁儿童青少年近视与睡眠障碍的研究结果显示，高度近视孩子比视力正常者入睡要晚约 74 分钟，且近视屈光度越高，睡眠障碍越严重。[②] 可见，近视危害大，应加强防控。相关调查显示，拉萨市 5、6 年级藏族小学生近视率和不近视率有显著的区域差异，尤其市区女生近视率明显高于不近视率，且随年龄增长近视率有上升趋势，近视率达到 40.45%，高于 2014 年全国 26 个少数民族中小学生视力不良率（34.0%），但是低于汉族学生近视率（66.6%）。造成藏族小学生近视率高的原因可能是多元的，如教育体制改革，人们更加重视升学率、重视分数等，在中考前，很多西藏自治区内 6 年级藏族学生希望考到内地西藏班[③]，沉重的学业压力、久坐少动的行为习惯，加大了藏族小学生的近视率。本研究结果表明拉萨市藏族小学生的近视问题在加重，这与张桂菊等（2015）[④]、郝无迪等（2019）[⑤] 的研究结果一致，也与改革开放以来我国儿童青少年近视率骤增的结论一致。[⑥]

近视不仅受遗传影响，还受各类环境因素影响，如近距离持久工作会

① Wong H B, Machin D, Tan S B, et al. "Visual impairment and its impact on health-related quality of life in adolescents", *American Journal of Ophthalmology*, 2009, 147（3），pp. 505 – 511.

② Ayaki M, Torii H, Tsubota K, et al. "Decreased sleep quality in high myopia children", *Scientific Reports*, 2016, 6（1），p. 33902.

③ 内地西藏班是基于国家教育方针和民族政策的一项援藏措施。从 1985 年起，国家依托内地学校较优越的办学条件、师资，在内地 19 个省市设立了内地西藏班，以期为西藏培养更高质量的学生。

④ 参见张桂菊、贾挺、郑艺向等《2013 年山东省中小学生体检近视情况分析》，载《中国卫生统计》2015 年第 4 期，第 735 – 736 页。

⑤ 参见郝无迪、曹玥、徐玲等《辽中县小学生近视流行现状及影响因素分析》，载《中国卫生统计》2019 年第 5 期，第 695 – 697 页。

⑥ 参见宋逸、胡佩瑾、董彦会等《2014 年全国各省、自治区、直辖市汉族学生视力不良现况分析》，载《北京大学学报（医学版）》2017 年第 3 期，第 433 – 438 页。

加速近视发生。[①] 不过，户外活动有助于预防、抑制儿童青少年近视。[②③④] Cooper（2018）的一项研究发现[⑤]，增加户外活动可预防近视的发生，且软性多焦点隐形眼镜、角膜塑形镜、低浓度阿托品还可矫正近视，但目前的医学手段还不能治愈近视。[⑥] 因此，尽管学业繁重，电子产品使用时间变长，学校还是要加强学生科学用眼教育知识的普及，积极鼓励学生每天走向操场，在阳光下进行户外活动，确保每天不少于 120 分钟的户外活动，养成科学用眼行为习惯。[⑦]

第二节　高原藏族大学生体质动态的实证研究

藏族是中华民族大家庭的重要一员，健康的藏族大学生是西藏经济社会繁荣发展的主力军。随着经济社会的不断进步，世居平均海拔 3000 米之上的西藏高原大学生来到内地大学后，在同类群体中的学习、个人能力优势减弱，易使他们出现不同程度的心理问题[⑧]，加上生活水平的提高导致的营养过剩和运动不足[⑨]，藏族大学生的健康迫切需要被关注。

---

① Pan C W, Ramamurthy D, Saw S M. "Worldwide prevalence and risk factors for myopia", *Ophthalmic and Physiological Optics*, 2012, 32（1），pp. 3 – 16.

② Xiong S, Sankaridurg P, Naduvilath T, et al. "Time spent in outdoor activities in relation to myopia prevention and control: a meta-analysis and systematic review", *ACTA OPHTHALMOLOGICA*, 2017, 95（6），pp. 551 – 566.

③ Jin J X, Hua W J, Jiang X, et al. "Effect of outdoor activity on myopia onset and progression in school-aged children in northeast China: the Sujiatun Eye Care Study", *BMC OPHTHALMOLOGY*, 2015, 15, p. 73.

④ Wu P C, Chen C T, Lin K K, et al. "Myopia prevention and outdoor light intensity in a school-based cluster randomized trial", *Ophthalmology*, 2018, 125（8），pp. 1239 – 1250.

⑤ Cooper J. "A review of current concepts of the etiology and treatment of myopia", *Eye Contact Lens*, 2018, 44（4），pp. 231 – 247.

⑥ 参见陶芳标《〈儿童青少年近视防控适宜技术指南〉专题解读》，载《中国学校卫生》2020 年第 2 期，第 166 – 168、172 页。

⑦ 参见陶芳标《学校－学生－学业联动是打好儿童青少年近视防控攻坚战的基石》，载《中国学校卫生》2019 年第 1 期，第 3 – 6 页。

⑧ 参见高会娜《运动处方对藏族大学生心理健康干预的研究》，载《品牌》2015 年第 6 期，第 255 页。

⑨ 参见张细谦《健康促进与小康社会体育的发展》，载《体育与科学》2006 年第 1 期，第 65 – 67 页。

一、研究对象与方法

（一）研究对象

本研究以西藏民族大学 2008—2013 年的 19404 名在校藏族非体育专业大学生体质健康测试的身高、体重、肺活量、体质指数（body mass index，BMI）和肺活量体重指数五项指标数据为研究对象。其中，2008 年 3139 名（男生占 41.96%，女生占 58.04%），2009 年 3527 名（男生占 42.16%，女生占 57.84%），2010 年 3605 名（男生占 43.36%，女生占 56.64%），2011 年 3604 名（男生占 40.73%，女生占 59.27%），2012 年 2934 名（男生占 43.29%，女生占 56.71%），2013 年 2881 名（男生占 41.72%，女生占 58.28%），详见表 2-4。

表 2 - 4　研究数据来源样本统计

性别	2008 年（3139 名）		2009 年（3527 名）		2010 年（3605 名）		2011 年（3604 名）		2012 年（2934 名）		2013 年（2881 名）		共计（19404 名）	
	人数/名	占比/%	人数/名	占比/%	人数/名	占比/%	人数/名	占比/%	人数/名	占比/%	人数/名	占比/%	人数/名	占比/%
男	1317	41.96	1487	42.16	1563	43.36	1468	40.73	1270	43.29	1202	41.72	8307	42.81
女	1822	58.04	2040	57 84	2042	56.64	2136	59.27	1664	56.71	1679	58.28	11097	57.19

（二）研究方法

1. 文献资料法

笔者借助华东师范大学图书馆、国家图书馆、西藏民族大学图书馆等图书馆的共享数据库中的中国知网、超星数字图书馆等数字资源及书籍查阅关于西藏藏族大学生体质健康相关研究进展、热点、难点等前沿信息。

2. 测量法

研究数据均是依照《国家学生体质健康标准（2014 年修订）》规定，由专业人员应用中体同方 CSTF – 2005 型系列测试仪，在体育教师的协助下实地对在校藏族大学生测试所得，主要测试学生身体形态、机能和素质指标。为了确保学生体质健康数据的准确性，测试的数据均由专业人员操作获取，并通过计算机系统处理得到。笔者以体质指数 ［BMI = 体重（kg）/身高^2（m^2）］、肺活量体重指数 ［肺活量（mL）/体重（kg）］ 为核心指标分析体质情况。体质指数、肺活量体重指数的等级划分如下：

体质指数：①BMI < 18.5，体重偏瘦；②18.5 ≤ BMI < 24.0，体重正常；③24.0 ≤ BMI < 28.0，体重超重；④BMI ≥ 28.0，体重肥胖。[1]

肺活量体重指数：①优秀：男 75 mL/kg 以上，女 74 ～ 70 mL/kg；②良好：男 69 ～ 64 mL/kg，女 63 ～ 57 mL/kg；③及格：男 56 ～ 54 mL/kg，女 53 ～ 44 mL/kg；④不及格：43 mL/kg 以下。

3. 数理统计法

采用 SPSS 23.0 统计软件对本研究涉及的各项体质健康测试指标数据进行统计分析，比较结果用 $\overline{X} \pm S$ 表示。

二、研究结果与分析

1. 藏族大学生体质研究分析

身高表示青少年学生纵向发育的情况，体重表示横向发育的情况，这两者均是青少年学生身体形态的测试指标，能反映学生生长发育水平。肺活量是《国家学生体质健康标准（2014 年修订）》规定的必测项目，是评价学生肺功能的重要机能指标，主要通过肺活量体重指数计算学生得分。[2]

---

① 参见李洪梅《肥胖的诊断和治疗》，载《中国临床医生》2003 年第 3 期，第 2 – 3 页。

② 参见王政、孙金贤、陶玉流等《肺活量体重指数评价体系的合理性思考：基于大学生肺活量与形态指标的相关性分析》，载《成都体育学院学报》2013 年第 7 期，第 86 – 90 页。

BMI 是目前国际上比较常用的衡量人体胖瘦程度与健康状况的一个标准指标。肺活量体重指数是综合评定青少年学生体质健康、机体有氧功能的指标。笔者对在校藏族大学生进行了连续 6 年的测试，对各项体质健康指标进行纵向与横向的比较，得出藏族大学生的体质健康发展态势，为针对性开展学校体育工作奠定了理论基础。由表 2-5 可以看出，2008—2013 年，在校藏族大学生中男生的平均身高为 169.4 ±7.1 cm，女生为 158.9 ±6.2 cm，同性别藏族大学生身高没有明显差距。藏族男女在校大学生体重均逐年增长。肺活量的变化较大，其中 2010 年男生的平均肺活量最高，为 4252.5 ±603.3 mL，而 2013 年最低，为 3232.0 ±714.9 mL，比各年平均肺活量值 3591.6 ±816.1 mL 约低 350 mL，说明男生呼吸系统机能下降严重。从纵向比较来看，2011 年女生肺活量最高，为 2499.4 ±710.8 mL，2013 年最低，为 1982.5 ±539.8 mL，比各年平均水平 2346.3 ±606.7 mL 约低 500 mL，比最高值约低 600 mL。对于 BMI 而言，男女生 BMI 呈逐年缓慢增长趋势，男生各年平均值为 22.0 ±3.4 kg/m^2，女生为 21.1 ±2.9 kg/m^2。参照相关研究结果[1]，本书中藏族在校男女大学生的 BMI 值均正常。男生的肺活量体重指数呈波动趋势，且下降幅度较大，2013 年最低区间值为 51.6 ±11.0 mL/kg，与 2010 年最高区间值 69.7 ±13.7 mL/kg 的差值约为 20.0 mL/kg；女生最高区间值为 2008 年的 48.2 ±11.8 mL/kg，最低区间值为 2013 年的 37.1 ±10.5 mL/kg，二者的差值约为 12.0 mL/kg。综合来说，一部分藏族男女在校大学生的体质健康水平还达不到《国家学生体质健康标准》的要求，即体质健康仍然存在一定的问题。

---

[1] 参见李洪梅《肥胖的诊断和治疗》，载《中国临床医生》2003 年第 3 期，第 2-3 页。

表2-5 2008—2013年藏族大学生体质健康状况

指标	2008年 男 1317名	2008年 女 1822名	2009年 男 1487名	2009年 女 2040名	2010年 男 1563名	2010年 女 2042名	2011年 男 1468名	2011年 女 2136名	2012年 男 1270名	2012年 女 1664名	2013年 男 1202名	2013年 女 1679名	共计 男 8307名	共计 女 11097名
身高(cm)	169.5 ±6.1	158.1 ±5.2	169.3 ±6.3	158.0 ±5.3	169.2 ±5.9	157.7 ±5.8	169.4 ±5.9	158.1 ±5.1	169.9 ±6.1	158.1 ±5.6	170.2 ±6.7	158.5 ±5.7	169.4 ±7.1	158.9 ±6.2
体重(kg)	61.2 ±9.1	52.6 ±6.7	61.5 ±8.9	52.9 ±7.0	62.1 ±9.2	53.4 ±6.8	62.3 ±8.9	52.8 ±6.2	63.3 ±10.1	53.2 ±7.0	63.5 ±10.2	54.0 ±7.2	62.3 ±9.4	53.2 ±6.8
肺活量(mL)	3783.2 ±816.6	2499.1 ±543.8	3561.7 ±742.3	2380.0 ±529.0	4252.5 ±603.3	2497.2 ±575.2	3244.8 ±763.3	2499.4 ±710.8	3354.3 ±728.6	2153.2 ±496.6	3232.0 ±714.9	1982.5 ±539.8	3591.6 ±816.1	2346.3 ±606.7
BMI(kg/m^2)	21.3 ±2.9	21.1 ±2.7	21.5 ±3.2	21.2 ±2.7	21.7 ±2.8	21.6 ±2.8	21.7 ±2.6	21.1 ±2.2	21.9 ±3.2	21.4 ±2.8	22.0 ±3.9	21.5 ±2.9	22.0 ±3.4	21.1 ±2.9
肺活量体重指数(mL/kg)	63.0 ±16.2	48.2 ±11.8	58.7 ±13.2	45.6 ±11.2	69.7 ±13.7	47.3 ±13.0	52.6 ±12.0	47.7 ±14.0	53.6 ±11.7	40.6 ±9.7	51.6 ±11.0	37.1 ±10.5	57.6 ±14.7	44.1 ±12.5

注：表中各指标数据均以 $\bar{X} \pm S$ 表示。

2. 藏族大学生 BMI 研究分析

由表 2-6 可知，2008 年各年级藏族大学生的体质指数处于 $18.5 \leqslant$ BMI < 24.0 区间的人数最多，大一男生占全年级测试人数的 85.0%，女生占 74.8%；大二男生占 69.7%，女生占 78.4%；大三男生占 63.0%，女生占 75.4%；大四男生占 73.2%，女生占 79.8%。综上可知，2008 年四个年级的男女生 BMI 基本属于正常。2009 年在 $18.5 \leqslant$ BMI < 24.0 区间的人数较多，大一男生占 66.0%，女生占 65.3%；大三男生占 57.6%，女生占 63.8%。2010 年在 $18.5 \leqslant$ BMI < 24.0 这一区间的大一男生占 81.6%，女生占 72.8%；大二男生占 81.3%，女生占 77.8%；大三男生占 77.9%，女生占 78.1%；大四男生占 75.0%，女生占 81.5%。由此可见，总体来说 2010 年各年级学生 BMI 情况较好。2012 年，女生的 BMI 总体情况较好，而大一男生偏瘦者较多，占总人数的 35.4%，没有超重者，肥胖者人数仅占总人数的 1.2%；83.0% 的大一女生体重正常。大二男女生体重正常的比例分别是 96.0%、97.6%。大三男女生体重正常的比例也分别高达 86.5%、88.5%，但也分别有 13.0% 和 11.3% 的男女生体重超重。2013 年，大一男生超重人数占总人数的 24.1%、肥胖人数占总人数的 10.3%；大一女生在 $18.5 \leqslant$ BMI < 24.0 间区的比例也仅有 40.5%，有近六成体重异常，学校、家庭及个人应予以高度重视或者深刻反省如何有效应对大一女生的体重异常现象。大二学生中，男生体重正常比例高达 62.4%，但是有 25.9% 的男生体重偏瘦，这对学习可能有影响，在平时要加强体育锻炼、加强营养、按时作息等；女生体质指数处于 $18.5 \leqslant$ BMI < 24.0 区间的比例为 47.7%，与上一年相比低了近一半。大三男生正常 BMI 值的人数不多，超重人数占总人数的 29.6% 和肥胖人数占总人数的 21.5%。大四学生中，男生超重（40.6%）和肥胖（25.7%）比例较高，而 73.9% 的女生体重正常。总之，结合表 2-6 可知，随着大学生的生理发育期的结束，人体纵向的自然生长基本停止，大学生的身高基本不再增长，而随着营养水平的提高、不规律的生活习惯等，大学生的体重增加的概率大大增加。

3. 藏族大学生肺活量体重指数研究分析

从表 2-7 可以看出，被调研的学生当中肺活量体重指数不及格人数仍占较高比例。从时间跨度来看，除 2010 年男生（该年测试学生合格率是各年所调查学生人数比例中最高的）以外，2008—2013 年各年级学生不及格人数比例呈螺旋式上升的趋势；从年级来看，从大一至大四不及格人数比例呈递减态势。从同一年不同学段大学生的纵向维度比较来看，大二、大三学生的肺活量体重指数的人数比例要略高于其他年级。但是肺活量体重指数优秀的比率较低，其中 2012 年大四男生和 2013 年大二女生和大三男女生的优秀百分比竟为 0。

表2-6 2008—2013年各年级藏族大学生不同等级BMI人数及所占百分比

BMI（kg/m²)	年级	2008年		2009年		2010年		2011年		2012年		2013年	
		男	女	男	女	男	女	男	女	男	女	男	女
BMI<18.5	大一	34(8.1%)	24(5.1%)	64(15.5%)	54(10.4%)	8(2.1%)	23(4.2%)	29(11.8%)	173(58.6%)	118(35.4%)	80(17.0%)	37(9.3%)	283(56.5%)
	大二	58(17.4%)	73(14.7%)	87(20.7%)	104(11.7%)	11(2.7%)	35(6.7%)	86(21.6%)	320(56.4%)	7(2.8%)	4(1.4%)	44(25.9%)	134(32.9%)
	大三	35(1.2%)	84(15.8%)	58(16.9%)	106(20.9%)	11(2.6%)	61(13.0%)	7(1.7%)	80(15.5%)	2(0.5%)	1(0.2%)	4(1.7%)	41(15.2%)
	大四	18(6.8%)	41(12.8%)	31(10.0%)	223(41.1%)	4(1.2%)	41(8.1%)	4(1.0%)	39(8.3%)	0	66(19.9%)	4(1.0%)	50(10.0%)
18.5≤BMI<24.0	大一	356(85.0%)	353(74.8%)	272(66.0%)	339(65.3%)	315(81.6%)	396(72.8%)	142(58.0%)	120(40.7%)	211(63.4%)	391(83.0%)	224(56.3%)	203(40.5%)
	大二	232(69.7%)	389(78.4%)	252(28.3%)	297(33.3%)	335(81.3%)	404(77.8%)	231(58.0%)	228(40.2%)	238(96.0%)	288(97.6%)	106(62.4%)	194(47.7%)
	大三	189(63.0%)	402(75.4%)	198(57.6%)	324(63.8%)	328(77.9%)	368(78.1%)	146(36.0%)	328(63.4%)	333(86.5%)	501(88.5%)	110(47.2%)	170(63.0%)
	大四	194(73.2%)	256(79.8%)	92(29.7%)	233(43.0%)	258(75.0%)	414(81.5%)	167(39.8%)	384(81.5%)	72(23.7%)	105(31.6%)	131(32.7%)	370(73.9%)

续表 2-6

BMI (kg/m²)	年级	2008年 男	2008年 女	2009年 男	2009年 女	2010年 男	2010年 女	2011年 男	2011年 女	2012年 男	2012年 女	2013年 男	2013年 女
24.0≤BMI<28.0	大一	24 (5.7%)	84 (17.8%)	65 (15.8%)	104 (25.2%)	50 (13.0%)	113 (20.8%)	48 (20.0%)	2 (0.7%)	0	0	96 (24.1%)	12 (2.4%)
	大二	37 (11.1%)	29 (5.9%)	68 (7.6%)	56 (6.3%)	58 (14.1%)	69 (13.3%)	53 (13.3%)	11 (1.9%)	3 (1.2%)	3 (1.0%)	17 (10.0%)	62 (15.2%)
	大三	65 (21.7%)	40 (7.5%)	62 (18.0%)	65 (12.8%)	71 (16.9%)	39 (8.3%)	158 (39.0%)	89 (17.2%)	50 (13.0%)	64 (11.3%)	69 (29.6%)	52 (19.3%)
	大四	42 (15.8%)	24 (7.5%)	108 (34.8%)	70 (12.9%)	68 (19.8%)	45 (8.9%)	207 (49.3%)	42 (8.9%)	178 (58.6%)	129 (38.9%)	163 (40.6%)	53 (10.6%)
28.0≤BMI	大一	5 (1.2%)	11 (2.3%)	11 (27.0%)	22 (4.2%)	13 (3.4%)	12 (2.2%)	26 (10.6%)	0	4 (1.2%)	0	41 (10.3%)	3 (0.6%)
	大二	6 (1.8%)	5 (1.0%)	13 (1.6%)	14 (1.7%)	8 (1.9%)	11 (2.1%)	28 (7.0%)	8 (1.4%)	0	0	3 (1.8%)	17 (4.2%)
	大三	11 (3.7%)	7 (1.3%)	26 (7.6%)	13 (2.6%)	11 (2.6%)	3 (0.6%)	94 (23.2%)	20 (3.9%)	0	0	50 (21.5%)	7 (2.6%)
	大四	11 (4.2%)	0	79 (25.3%)	15 (2.8%)	14 (4.1%)	8 (1.6%)	42 (10.0%)	6 (1.3%)	54 (17.8%)	32 (9.6%)	103 (25.7%)	28 (5.6%)

注：百分比为男（女）占本年级实际测试学生总数的比例，下同。

表2-7 2008—2013年各年级藏族大学生不同等级肺活量体重指数人数及所占百分比

等级	年级	2008年 男	2008年 女	2009年 男	2009年 女	2010年 男	2010年 女	2011年 男	2011年 女	2012年 男	2012年 女	2013年 男	2013年 女
优秀	大一	23（5.5%）	19（4.0%）	8（1.9%）	9（1.7%）	50（13.0%）	13（2.4%）	1（0.4%）	29（9.8%）	13（3.9%）	9（1.9%）	16（4.0%）	1（0.2%）
	大二	70（21.0%）	40（8.1%）	18（4.3%）	11（2.3%）	83（20.1%）	12（2.3%）	12（3.0%）	32（5.6%）	4（1.6%）	1（0.3%）	3（1.8%）	0
	大三	75（25.0%）	65（12.2%）	16（4.7%）	29（5.7%）	122（29.0%）	63（13.4%）	8（2.0%）	31（6.0%）	5（1.3%）	2（0.4%）	0	0
	大四	24（9.1%）	18（5.6%）	54（17.4%）	62（11.4%）	78（22.7%）	31（6.1%）	9（2.1%）	133（28.2%）	0	4（1.2%）	2（0.7%）	17（3.4%）
良好	大一	50（11.9%）	46（9.7%）	43（10.4%）	35（6.7%）	99（25.6%）	26（4.8%）	4（1.6%）	11（3.7%）	40（12.0%）	47（10.0%）	37（9.3%）	6（1.2%）
	大二	80（24.0%）	112（22.6%）	64（15.2%）	62（11.0%）	112（27.2%）	51（9.8%）	31（7.8%）	23（4.1%）	26（10.5%）	16（5.4%）	10（5.9%）	2（0.5%）
	大三	65（21.7%）	133（25.0%）	47（13.7%）	56（11.0%）	156（37.1%）	74（15.7%）	35（8.6%）	69（13.3%）	33（8.6%）	22（5.7%）	0	5（1.9%）
	大四	45（17.0%）	73（22.7%）	63（20.3%）	101（18.6%）	142（41.3%）	83（16.3%）	20（4.8%）	203（43.1%）	7（2.3%）	20（6.6%）	22（7.3%）	59（11.8%）

续表 2-7

等级	年级	2008年 男	2008年 女	2009年 男	2009年 女	2010年 男	2010年 女	2011年 男	2011年 女	2012年 男	2012年 女	2013年 男	2013年 女
及格	大一	170 (40.6%)	137 (29.0%)	166 (40.3%)	153 (29.5%)	140 (36.3%)	184 (33.8%)	120 (49.0%)	92 (31.2%)	153 (45.9%)	210 (44.6%)	100 (25.1%)	118 (23.6%)
	大二	108 (32.4%)	216 (43.5%)	192 (45.6%)	211 (44.8%)	155 (37.6%)	235 (45.3%)	118 (29.6%)	146 (25.7%)	106 (42.7%)	114 (38.6%)	102 (60.0%)	39 (9.6%)
	大三	101 (33.7%)	205 (38.5%)	127 (36.9%)	232 (45.7%)	128 (30.4%)	237 (50.3%)	150 (37.0%)	209 (40.4%)	133 (34.5%)	175 (30.9%)	60 (25.8%)	89 (33.0%)
	大四	110 (41.5%)	145 (45.2%)	105 (33.9%)	207 (38.2%)	95 (27.6%)	28 (55.1%)	107 (25.5%)	63 (13.4%)	67 (22.0%)	71 (21.4%)	213 (70.8%)	276 (55.1%)
不及格	大一	176 (42.0%)	270 (57.2%)	195 (47.3%)	322 (62.0%)	97 (25.1%)	321 (59.0%)	120 (49.0%)	163 (55.3%)	127 (38.1%)	205 (43.5%)	245 (61.6%)	376 (75.0%)
	大二	75 (22.5%)	128 (25.8%)	147 (34.9%)	187 (39.7%)	62 (15.0%)	221 (42.6%)	237 (59.4%)	366 (64.6%)	112 (45.2%)	164 (55.6%)	55 (32.3%)	366 (89.9%)
	大三	59 (20.0%)	130 (24.4%)	154 (44.8%)	191 (37.6%)	15 (3.6%)	97 (20.6%)	212 (52.3%)	208 (40.2%)	214 (55.6%)	367 (64.8%)	173 (74.2%)	176 (65.2%)
	大四	86 (32.5%)	85 (26.5%)	88 (28.4%)	172 (31.7%)	29 (8.4%)	114 (22.4%)	284 (67.6%)	72 (15.3%)	230 (75.7%)	237 (71.4%)	164 (54.5%)	149 (29.7%)

第三节　高原藏族大学生体育活动态度的调查研究

习近平总书记指出，人才是实现民族振兴的战略资源。[①] 学校体育对促进学生全面发展具有其他学科不能替代的作用。青年一代有理想、有本领、有担当，国家就有前途，民族就有希望。[②] 西藏民族大学是西藏经济社会有效发展和培养宽口径、复合型人才的摇篮。随着西藏经济、教育的发展，为了西藏兴，务必要青年兴；为了西藏强，务必要青年强。[③] 我们有必要在加强大学生体质健康的同时，加强对大学生从事体育活动态度的认知、情感与行为倾向关注。

一、研究对象与方法

1. 研究对象

以西藏民族大学 2014 级藏、汉族大学生（各 400 名）为调查对象；藏、汉族教师（各 15 名）为访谈对象。

2. 研究方法

（1）文献资料法。以"体育活动态度""藏族""汉族""大学生"为关键词搜索文献，并梳理出与本研究相关的文献。

（2）问卷调查法。按研究计划随机抽取藏、汉族大学生各 400 名，进行现场纸质问卷调查。发放总问卷 800 份，剔除无效问卷 78 份，共回收有效问卷 722 份，有效回收率为 90.25%。

（3）访谈法。按研究计划对藏、汉族各 15 名教师进行深度访谈。

（4）数理统计法。通过 SPSS 23.0 软件对所回收的数据进行统计学处理。

---

① 参见秦金月《中共十九大开幕，习近平代表十八届中央委员会作报告（直播全文）》，见中国网（http://www.china.com.cn/cppcc/2017 - 10/18/content_41752399.htm.），最后访问日期：2017 年 10 月 18 日。

② 参见秦金月《中共十九大开幕，习近平代表十八届中央委员会作报告（直播全文）》，见中国网（http://www.china.com.cn/cppcc/2017 - 10/18/content_41752399.htm.），最后访问日期：2017 年 10 月 18 日。

③ 参见张李强、高会娜《运动处方干预对藏族大学生心理健康影响的可行性分析研究》，载《西藏科技》2015 年第 9 期，第 24 - 25 页。

二、研究结果与分析

1. 体育活动态度与生活环境关系的研究

氧分压随着海拔升高而下降[1]，气温也随之下降。为了维持机体恒温，机体除通过交感神经进行调节外，也可以通过运动产热维持体温。藏族大学生多来自平均海拔约 3000 m 的高原；汉族学生则多来自海拔较低的地区。笔者通过访谈发现，体育活动态度与生活环境相关。调查结果也表明，该校 75% 以上被调查的大学生会积极主动参与自己喜欢的运动活动。

2. 体育活动态度与生活习惯关系的研究

调研得知，60% 以上被调查的藏族大学生热爱运动，且能吃苦耐劳，但约 75% 的藏族大学生更喜欢时尚前卫的体育运动，而近 38.30% 被调查的汉族大学生未表现出明显偏好。

同时研究也表明，较汉族男大学生而言，藏族男大学生更喜欢足球、篮球等多人对抗性运动项目，每周至少运动 2 次。藏族女大学生比较喜欢排球、篮球与舞蹈类的运动，汉族女大学生比较喜欢健美操、羽毛球、网球、瑜伽等运动，每周均进行 2 至 3 次的体育活动。

3. 体育活动态度与体育认知心理关系的研究

认知学习理论认为，学习是个体面对问题时通过心理活动获得新知识的过程。[2] 体育作为一种社会现象，受个体运动参与的态度、乐趣、价值意识、志向和行为等多元因素的影响。调查发现，被调研的汉族大学生中有 60.25% 的男生认为有必要参加体育锻炼，主要是为了健身、娱乐；有 53.08% 的女生认为有必要参加体育锻炼，主要是想减肥。藏族男大学生的调研结果与汉族基本一致。被调研的藏族男大学生中有 77.31% 积极参加体育锻炼，汉族男大学生为 75.19%。经常参加运动的藏族女大学生仅占总人数的 19.50%，经常参加运动的汉族女大学生占总人数的 21.11%。此外，进一步调查发现，在别人进行体育锻炼时，78.21% 的男大学生有参加锻炼的念头。非体育专业大学生对体育锻炼促进身体素质的认识不

---

① 参见马校军、徐刚、王安利等《中国女子皮艇队运动员高住低训期间身体机能变化分析》，载《中国运动医学杂志》2010 年第 2 期，第 149 – 152、148 页。

② 参见王振宏、李彩娜主编《教育心理学》，高等教育出版社 2011 年版，第 126 页。

足，未养成自觉参与体育锻炼的习惯①，连锁式地造成藏、汉族大学生体质差异。杨建军等的研究得出，藏族大学生的柔韧素质和爆发力均与汉族大学生具有统计学差异，除遗传因素外，主要是由体育锻炼引起的。② 因此，体质健康状况与体育锻炼的态度显著相关。③ 随着现代教育教学改革的推进，学生参与体育活动应从"要我学"向"我要学"转变，内部动机成为进一步探究知识与问题的动力。④ 因此，认知对学生参与体育活动的影响较大，相关部门和教学单位应加强对学生进行健康知识与态度方面的教育。

三、结论

地域、生活习惯和体育认知等多元因素对西藏民族大学 2014 级大学生的体育活动态度的影响显著。

要想改变部分藏族大学生体育活动态度，首先应从学校体育课堂教学和课外体育活动（如社团活动、大学生创业活动等）抓起，加强学生的课内外活动结合的意识和兴趣，同时，加强体育选项课的阶段性考核与期末的终结性考核，重点关注学生平时在课堂的拖沓、课后不积极参与活动的现象，以及应付考试的问题。其次，按照《国家学生体质健康标准（2014年修订）》，每年应进行一次严格的体质测试。最后，班主任、辅导员要配合体育老师积极引导学生多参与体育活动，同时，加强推广课外体育活动，例如，晚上借助学校的室外灯光场地以及一些社团活动，督促、引导学生积极参与体育活动。

---

① 参见张苏、李克勤、高艳等《安徽省大学生锻炼态度与体质健康现状分析》，载《中国学校卫生》2009 年第 1 期，第 26 - 27 页。

② 参见杨建军、杨海航、宋健《西藏民族大学藏族与汉族大学生体质健康状况比较》，载《中国学校卫生》2009 年第 10 期，第 946 页。

③ 参见张苏、李克勤、高艳等《安徽省大学生锻炼态度与体质健康现状分析》，载《中国学校卫生》2009 年第 1 期，第 26 - 27 页。

④ 参见吴立岗主编《教学的原理、模式和活动》，广西教育出版社 1996 年版。

第三章　新时代高原学校体育教学的现状及相关研究

第一节　新时代国内外学校体育教学理论研究

一、体育教学的内涵

体育教学是学生以身体练习活动为主要手段，在真实的体育活动或比赛情境中进行科学体育锻炼，以在体育锻炼过程中享受乐趣、增强体质、健全人格、锤炼意志为主要目标的教学活动。该教学活动是学校教学的重要环节，是增进学生身心和谐、培养健康全面发展的人的重要途径。①

在"以学生为中心"的教学过程中，我们要充分认识教师的主导作用及学生的主体地位，即在教师的指导下，学生自主地进行体育锻炼，并在体育活动过程中提升对体育的认知。在这个过程中，教师、学生、教学目标、教学内容、教学方法与手段、教学评价以及教学环境等要素共同构成了教学的整体环节。在此过程中，各要素是相互联系、相互影响的，任意一个环节的要素发生偏差，教学效果便会受到影响。因此，在教学过程中，教师务必要采用科学合理的教学模式，以激发学生自主参与体育锻炼的兴趣。此外，教师还要注重体育课的真正目的与本质意义。例如，要提升学生身心锻炼效果，便要关注学生在教学活动中的心率（140～160次/分钟），群体运动密度不低于75%，个体运动密度不低于50%，教师要在每节课的活动或比赛的情境中穿插约20分钟的运动技能练习内容，

---

① 参见陈玉群《体育教学改革与发展历程的动态研究》，光明日报出版社2016年版，第14页。

以及不少于10分钟的结构化、多样化、补偿性、综合性的体能练习。[①]

通过体育教学，教师不但要给学生传授体育基本知识、基本技术，还要提高其身心健康水平，更要激发学生的运动兴趣，让学生享受运动乐趣，在运动过程中健全人格、锤炼意志，达到与其他课程协同育人的崇高教育目标。

党的十九大、二十大报告的文化专题中均有体育的相关论述，这也凸显了体育在国家发展中的重要战略地位。体育文化深刻孕育着民族的生命力、创造力和凝聚力。尤其是社会主义现代化体育文化，在实现体育现代化、建设体育强国、提升民族凝聚力、构建人类命运共同体方面具有鲜活的生命力。在2020年东京奥运会上，苏炳添以9.83秒的成绩刷新亚洲男子100米决赛记录，创造了中国短跑速度的历史、亚洲荣耀。2022年北京冬奥会，徐梦桃在经历四次大手术的情况下，克服伤病、战胜挫折，勇夺中国女子自由式滑雪空中技巧项目金牌。中国体育健儿在国际赛场上以体育的力量展示国家情怀、振奋民族精神的例子不胜枚举。

学校体育是学校教育的有机组成部分，是落实"五育"并举的核心学科。学校体育不仅具有强身健体的作用，还有促进体育文化繁荣发展、弘扬中华体育精神的重要意义。《关于全面加强和改进新时代学校体育工作的意见》指出，学校体育以习近平新时代中国特色社会主义思想为指导，以立德树人为根本，以社会主义核心价值观为引领。[②]《关于深化体教融合 促进青少年健康发展的意见》要求[③]，帮助学生实现文明精神，野蛮体魄。由此说明，学校体育在弘扬中华体育精神方面有着独特的功能。2017年，教育部在《关于实施中华优秀传统文化传承发展工程的意见》

---

① 参见季浏《新版义教课标：构建以核心素养为纲的体育与健康课程体系》，载《上海体育学院学报》2022年第6期，第1-9页。

② 参见中共中央办公厅、国务院办公厅《关于全面加强和改进新时代学校体育工作的意见》，见政府网（http://www.gov.cn/zhengce/2020-10/15/content_5551609.htm），最后访问日期：2023年11月15日。

③ 参见体育总局、教育部《关于印发深化体教融合 促进青少年健康发展意见的通知》（体发〔2020〕1号），见政府网（http://www.gov.cn/zhengce/zhengceku/2020-09/21/content_5545112.htm），最后访问日期：2023年11月21日。

中明确指出，要构建中华课程和教材体系，并倡导传统体育进校园。①
2020 年，广州市荔湾区海中小学将龙舟引进校园就是一个典型的优秀案
例。② 具有独特民族文化内涵与精神意境的民族传统体育项目进校园，不
仅丰富了学校体育教育教学内容，也有效传承与发展了民族传统体育项
目，更强化了学生的文化自信和中华体育精神。三千多年前射、御等六
艺，以及现代足球之源的古代蹴鞠，均可在塑造时代新人的文化意识形态
时发挥应有的作用。学生的意识形态具有极强的不稳定性和可塑造性，因
此，在实现中华民族伟大复兴进程中，加强学校体育铸牢中华民族共同体
意识是一种战略选择。

二、体育教学的重要性

（一）全面提升体育在"五育"教育中的战略意义

学校体育作为学校教育的有机组成部分，同德育、智育、美育和劳动
教育共同构成了"五育"教育，在促进学生身心健康和培养体育健身习惯
方面有着不可替代的地位。1917 年 4 月，毛泽东同志在《体育之研究》
一文中指出："体育一道，配德育与智育，而德智皆寄于体，无体是无德
智也。""体育于吾人实占第一之位置，体强壮而后学问道德之进修勇而收
效远。"③ 毛泽东同志很早就意识到体育、德育和智育对人全面发展的重
要性，三者是相互联系、相互促进的。"五育"相辅相成，紧密结合，共
同促进人的全面发展。《2021 年全国教育事业发展统计分报》显示，全国
各级各类学校的在校生人数达 2.91 亿④，占全国人口总数的 20.59%。第
七次全国人口普查数据显示，我国有 87.9% 的人口曾接受过或正在接受学

---

① 参见新华社《中共中央办公厅　国务院办公厅印发〈关于实施中华优秀传统文化传承发
展工程的意见〉》，见中国政府网（http://www.gov.cn/zhengce/2017－01/25/content_5163472.
htm.），最后访问日期：2023 年 1 月 25 日。

② 参见中国教育新闻网（https://baijiahao.baidu.com/s?id=1752691986661419226&wfr=
spider&for=pc.）。

③ 毛泽东：《体育之研究》，人民体育出版社 1996 年版，第 1－3 页。

④ 参见中华人民共和国教育部《2021 年全国教育事业发展统计公报》，见政府网（http://
www.moe.gov.cn/jyb_sjzl/sjzl_fztjgb/202209/t20220914_660850.html.），最后访问日期：2023 年 9
月 21 日。

校体育教育①。体育强国建设正是中国式现代化进程中的独有特征之一。②

(二) 培养学生的核心素养

我国发布的《中国学生发展核心素养》③ 指出，学生核心素养主要指学生应具备的，能够适应终身发展和社会发展需要的必备品格与关键能力，人文底蕴、科学精神、学会学习、健康生活、责任担当、实践创新是我国学生发展的六大核心素养。《体育与健康》的学科核心素养是学科育人价值的一种体现，是学生通过体育课程的学习受到潜移默化的影响，所逐步掌握并形成了有利于学生终身健康发展和适应社会发展的正确的价值观念、必备品格与关键能力，主要包括运动能力、健康行为和体育品德三个方面的内容。在中国式现代化道路上，学校应以义务教育课程标准《体育与健康》为纲领，坚持健康第一的教育理念，立足核心素养的培养，构建高质量的学校体育教育体系。高质量的学校体育教育在提升学生外在运动能力的同时，也能优化其内在的精神品质。此外，学校体育教育还要遵循学生的身心特点、运动技能发展的自然规律，帮助他们成为懂体育运动文化、有运动能力、热衷于体育运动的时代新人。④

(三) 学校体育课程与思想政治课程协同育人

在全国高校思想政治工作会议上，习近平总书记强调了立德树人是新形势下我国高校教育的时代命题，要以立德树人为立身之本，充分发挥高校各学科的育人特性，形成全员、全程和全方位的"三全育人"格局。2020 年 5 月，教育部印发的《高等学校课程思政建设指导纲要》（简称《纲要》）明确提出了新发展阶段高校体育做什么、怎么做、谁来做的指导思想，为学校体育课程指明了方向、提出了任务、明确了对象。站在社会主义现代化强国建设的新的历史起点上，⑤ 体会习近平总书记重要讲话

---

① 参见国务院第七次全国人口普查领导小组办公室《2020 年第七次全国人口普查主要数据》，中国统计出版社 2021 年版。

② 参见崔乐泉《中国式现代化与体育强国建设的中国模式》，载《首都体育学院学报》2022 年第 6 期，第 592 – 601 页。

③ 参见一帆《〈中国学生发展核心素养〉总体框架正式发布》，载《教育测量与评价》2016 年第 9 期，第 34 页。

④ 参见汪晓赟、陶小娟、仲佳镕等《KDL 幼儿运动游戏课程的开发研究》，载《北京体育大学学报》2020 年第 5 期，第 39 – 49 页。

⑤ 参见钟秉枢、李楠《体育在中华优秀传统文化传承中的重要价值、基本理念与具体路径》，载《首都体育学院学报》2022 年第 1 期，第 1 – 7 页。

精神，思考培养什么样的人是教育的首要问题。而学校体育课程在思想教育上有着其他学科所不具备的独特优势，体育课不仅传授知识、技能，更多时候需要学生在活动或比赛的过程中紧密合作、遵守规则、顽强拼搏、勇往直前、追求集体荣誉。将体育课程教育与法治教育、劳动教育、心理健康教育、中华优秀传统文化教育等融合，并且将思想政治教育融入体育课程，培养爱劳动、爱学习、爱祖国、爱人民的新时代青年。由此可见，在中国式现代化发展的新征程上，应以习近平新时代中国特色社会主义思想为指引，深刻融入大教育观理念，加强学校体育课程与课程思政协同育人的课程共同体构建，为开展高质量学校体育课程，造就大批体魄强健、德才兼备的高素质人才提供强大的基础支撑。① 因此，学校体育课程理应成为帮助学生实现"文明精神、野蛮体魄"的重要阵地，这不仅是有关纲领性政策的要求，也是其特有功能的具体体现。②

（四）提升中华民族身份认同

"民族身份的觉醒代表对'自我'民族身份认同的建构，直接决定其对国家身份认同的促进与消弭"，中华民族共同体意识教育是落实习近平总书记关于培养担当民族复兴大任时代新人的具体要求，也是推进中华民族共同体意识教育的特殊价值所在。③ 学校体育是落实立德树人根本任务、提升学生综合素质的"基础性工程"，其在帮助实现塑造智力、塑造心灵方面有独树一帜的功能。④ 新时代下，体育是整个教育体系的关键学科之一，而学校体育课程是传递国家主流意识形态和核心价值观的重要课程，其所蕴含的中华优秀体育文化，对学生的价值观培育是系统而全面的，同时对学生的民族认同兼具引导和塑造作用。⑤ 学校体育浸润在中华五千年

①　参见汪晓赞、杨燕国、孔琳等《新征程上我国儿童青少年体育健康促进的挑战与路径审视：基于对党的二十大精神的学习与思考》，载《天津体育学院学报》2023 年第 1 期，第 9 - 16 页。

②　参见王健、崔耀民、刘玉财《加快建设体育强国的战略选择：优先发展学校体育》，载《天津体育学院学报》2023 年第 1 期，第 1 - 8、16、131 页。

③　参见张学敏、胡雪涵《中华民族共同体意识教育进课程：特殊价值、嵌入逻辑与实施路向》，载《课程·教材·教法》2023 年第 1 期，第 13 - 19 页。

④　参见中共中央办公厅、国务院办公厅印发《关于全面加强和改进新时代学校美育工作的意见》，载《中华人民共和国国务院公报》2020 年第 30 期，第 20 - 26 页。

⑤　参见蒋文静、祖力亚提·司马义《学校铸牢中华民族共同体意识的逻辑层次及实践路径》，载《民族教育研究》2020 年第 1 期，第 13 - 21 页。

的优秀文化中，能够在润物无声中推进体育育人的工作，增进各民族的自觉认同，夯实我国民族关系发展的思想基础，推动中华民族成为认同度更高、凝聚力更强的命运共同体。① "五个认同"是国家统一、民族团结、社会稳定的思想基础，是坚定中国特色社会主义道路、弘扬中国精神、凝聚中国力量的源泉。增强"五个认同"、促进民族团结是新时代民族工作的主旋律，是构建和谐民族、促进民族团结的保障。② 在习近平新时代中国特色社会主义中国式现代化道路上，学校体育具有滋养作用，理应能够在不断提升国家文化软实力和中华文化影响力的过程中做力所能及的工作。③ 如民族传统体育中的武术有着"天人合一""以和为贵"的武德美，中国特色的奥运精神"友谊第一，比赛第二"，等等。党的十八大以来，体育作为一种对外交往的重要手段，也高度凸显了中华民族的文化自信、体育自信。在新时代体育强国建设中，拓展体育外交新局面、构建体育外交新格局是中国式现代化发展的必然要求，更是统筹中华民族伟大复兴战略全局的重要选择。

（五）促进民族交往、交流、交融

2021 年 8 月，习近平总书记在中央民族工作会议上强调："必须促进各民族广泛交往交流交融，促进各民族在理想、信念、情感、文化上的团结一致，守望相助、手足情深。"铸牢中华民族共同体意识是促进民族交往交流交融的助推器，后者则是前者的扎实基础。因此，二者是相互依存、不可分割的。学校教育能够通过各类文化交流活动，为各民族师生营造共居共学、共事共乐的和谐校园氛围，构建师生全方位、深层次交往交流的民族共同体平台，夯实中华民族共同体的情感基础和实践根基。2021 年 6 月 10 日，宁夏回族自治区党委常委、统战部部长白尚成在北方民族大学作题为"铸牢中华民族共同体意识"专题讲座时讲道，民族院校青年学子既是各民族的优秀人才，更是中华民族的栋梁和未来，希望青年学子

---

① 参见《铸牢中华民族共同体意识，习近平强调这四个"必然要求"》，见学习网（https://www.xuexi.cn/lgpage/detail/index.html?id=16271639606644943813&item_id=16271639606644943813），最后访问日期：2023 年 8 月 29 日。

② 参见高承海《中华民族共同体意识：内涵、意义与铸牢策略》，载《西南民族大学学报（人文社科版）》2019 年第 12 期，第 24 - 30 页。

③ 参见王家宏、董宏《文化自信视域下中国式体育现代化要素内涵式发展方略研究》，载《天津体育学院学报》2022 年第 42 期，第 1 - 6 页。

们要像习近平总书记殷切嘱托的那样，始终胸怀"国之大者"，自觉把大学生实现个人梦与实现中国梦结合起来，把个人之志与报国之行统一起来，在传承党的百年光辉史基因、铸牢中华民族共同体意识过程中，争做新时代韧不可破的"红纽带"，把各族人民牢牢地链接在一起、紧密地团结在一起，共同团结奋斗、共同繁荣发展，共建美好家园、共创美好未来；争做新时代固本强基的"钢筋钉"，镶实薄弱点、嵌牢松动处，让各民族同呼吸、共命运、心连心的根基更加厚实和稳固，在全社会形成中华民族一家亲的浓厚氛围；争做新时代遍地开花的"金种子"。①

学校体育以实践活动交往为基本手段，在对外交往交流交融新格局构建过程中，能够有效完成和谐交往、文化交流与民族交融的具体任务，提升民族形象与文化自信。为加强学校体育落实立德树人根本任务，《高等学校体育工作基本标准》明确要求，要开展体育对外交流与合作。② 世界大学生运动会、世界中学生运动会、夏季青年奥林匹克运动会（简称"青奥会"）等诸多国内外赛事，大大促进并优化了中外交往格局。如 2014 年中国首次举办的南京青奥会，有来自 204 个国家多达 3787 名运动员参加了比赛，是参赛国家和地区最多的国际体育大赛之一。赛事举办期间，有近 2 万名青年志愿者参与。③ 青奥会不仅仅是体育竞技的比拼，也传播了奥林匹克精神，促进了青少年的健康成长，使广大青少年更加了解体育的本源，更加了解奥林匹克精神，这在无形中促进了青少年的发展。2019 年举办的第 11 届少数民族体育运动会由少数民族和汉族运动员共同参与，共设 8 个集体项目。④ 赛场上，高脚竞速、板鞋竞速、龙舟、太极拳、蹴球等比赛项目精彩纷呈，各族群众齐身参与、心手相连，民族体育运动会为加深各民族相互了解、增进感情搭建了平台。2022 年 7 月，来自"一带一路"沿线 55 个国家和地区的 198 名国际青年朋友参加了在江苏举办

① 参见钟梅燕、贾学锋《民族院校铸牢中华民族共同体意识的实践研究》，载《北方民族大学学报》2021 年第 6 期，第 156－163 页。

② 参见王健、崔耀民、刘玉财《加快建设体育强国的战略选择：优先发展学校体育》，载《天津体育学院学报》2023 年第 1 期，第 1－9 页。

③ 参见秦川《复兴网. 筑梦青奥会，激励三代人》，见复兴网（http://opinion.cntv.cn/2014/08/15/ARTI1408106223377202.shtml），最后访问日期：2023 年 8 月 15 日。

④ 参见张云齐、郭立亚《民族传统体育铸牢中华民族共同体意识的学校体育具身化路径》，载《民族学刊》2022 年第 5 期，第 100－107、141 页。

的"一带一路"青年体育交流周系列竞赛活动。[①] 此外，截至 2022 年 5 月，全球共开办了近 500 所孔子学院、814 所孔子学堂，这些学院和学堂在世界各地弘扬中华文化。武术的全球推广，不仅弘扬了中华武术礼仪文化，也体现了中华武术的仁爱精神。[②]

综上，作为学校教育的重要组成部分，学校体育能充分发挥其学科育人特性，培养德智体美劳全面发展的时代新人。

（六）改革与优化学校体育发展方式

学校体育发展方式的改革是指改造阻碍学校体育发展的思想、体制及方法，以新思想、新体制和新方法推动学校体育发展的过程。[③] 在"观念—利益—制度"的框架下，学校体育内容、发展规划、监测评估和管理机制稳步发展，构建系统完备、科学规范、运行有效的制度体系，对阻碍学校体育发展的问题进行纠正改革，优化了学校体育的发展，有利于稳步推行各项工作。[④] 在向中国式现代化道路迈进的新征程中，学校体育应始终坚持"以人为本，实现学生的全面健康发展"的宗旨，构建具有中国特色的学校体育思想体系，形成"校内 + 校外"的学校体育长效运行机制，贯彻学校、社区和家庭的"三位一体"理念，协同合力构建儿童青少年体育健康促进共建共享的新格局，促使学校体育发展方式由校内的"封闭型空间"向"开放型空间"转变，打造校内外交融协调发展的高质量学校体育发展格局。其目的主要是引导学生积极主动参与体育锻炼，能够有效地完成课内外的体育活动，促进学校体育活动的有效开展，最终实现增强学生体质、健全学生人格的根本目标。

---

① 参见江苏省体育局《2022"一带一路"青年体育交流周（江苏）在宁开幕》，见中国政府网（https://www. sport. gov. cn/n20001280/n20067558/c24492629/content. html.），最后访问日期：2023 年 9 月 20 日。

② 参见《圣人智慧永流传 万世师表照千秋》，见搜狐网（https://www. sohu. com/a/586689710_121118942.），最后访问日期：2022 年 9 月 21 日。

③ 参见董翠香、茹佳、季浏《体育强国视阈下中国学校体育发展方式探究》，载《北京体育大学学报》2011 年第 11 期，第 88 - 92 页。

④ 参见李斌、程卫波、赵发田等《基础教育体育与健康课程改革：制度逻辑、实施行为与推进策略——基于组织新制度主义的解释》，载《北京体育大学学报》2019 年第 6 期，第 65 - 77 页。

三、体育教学模式的内涵

随着现代教育理念和教学思想的"进化"，学校体育教学正发生着深刻的变革，体育教学课程设置中存在的诸多问题也逐渐显现。基于此，学校体育教学改革迫在眉睫，其中体育教学模式是不容忽视的研究课题。为了更好地提升西藏学校体育教学改革与发展，相关部门需要加强体育教学模式的理论与实践研究。实践是检验真理的唯一标准，体育教学模式是否有章可循，也要经过长期的教学实践活动检验才能得到学界认可。

自20世纪80年代以来我国便开始了关于学校体育教学模式的专题研讨，但至今体育教学模式仍无统一的概念，其规范程度尚须进一步提高。在体育教学模式的相关研究中，不少学者对体育教学模式的概念进行了辨析，并根据研究需求提出了个人的看法与见解。如郝乌春等学者（2021）提出体育教学模式是指"在特定的体育教学思想指导下，实施的以完成体育教学单元目标的稳定性较好的教学程序"[1]。一些学者认为体育教学模式的结构应该包括教学思想、教学目标、操作程序、实现条件和评价方式等要素，在体育教学过程中应具有简化功能、预测功能、解释与启发功能以及调节与反馈功能。李海英（2020）认为体育教学模式是指"在某种体育教学思想和理论指导下建立起来的体育教学程序"。通常来说，体育教学模式应包括教学指导思想、教学过程结构和相应的教学方法体系。其中，教学过程结构是支撑教学模式的"骨架"；教学方法体系是填充教学过程的"肌肉"；教学指导思想则是"骨骼"与"肌肉"中的生物成分，是起有机协调和指挥作用的"神经"。因此，学校体育教学模式要具有一定的理论性、独特性、可操作性和发展性特点，才能够在实践教学中引领学校体育高质量发展，达到强身健体、育人的功效。

任何一种教学模式都是一个不断变化的、持续更新的动态系统，虽然这种模式一旦形成就具有稳定性，但这并不意味着其内部要素和非本质结构不会发生变化（图3-1），不同的教学理论、教学目标，以及不同的教学安排就会形成不同的教学模式。[2] 从学者的研究来看，体育教学模式是

---

① 参见郝乌春、牛亮星、关浩《新时代背景下高校体育教学改革与发展研究》，中国商业出版社2021年版，第105页。

② 参见刘海军、刘刚、裴钢辉《基于素质教育导向的高校体育教学方法、模式改革理论与实践》，中国纺织出版社2019年版，第137-141页。

在一定教学指导思想引领下，囊括教学目标、教学内容、教学实施和教学评价四大要素的教学理念。因为教学模式不是具体的教学方法，也不是具体的教学内容，更不是在体育教学中完全照搬照抄别的方法，而是以一定的教学目标，灵活选取教学内容，通过丰富多样的教学方法组织实施，激发所有学生乐于参与，强调过程性评价与结果性评价结合、绝对性评价与相对性评价结合、教师评价与学生评价结合，探索增值性评价，增强综合性评价的一种教学程式。

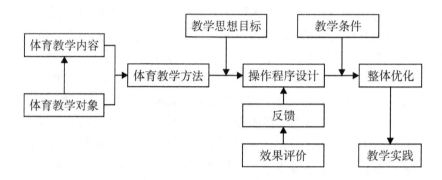

图 3-1　体育教学模式的结构要素

第二节　高原义务教育阶段体育与健康教学开展现状的调查研究

《教育部关于全面深化课程改革　落实立德树人根本任务的意见》（教基二〔2014〕4 号）指出，总体来说，当前高校和中小学课程改革"整体规划、协同推进不够，与立德树人的要求尚存一定差距，主要表现在：重智轻德，单纯追求分数和升学率，学生的社会责任感、创新精神和实践能力较薄弱……"[①] 且有一大部分学生是"不会运动、不愿运动、不

[①]　参见中华人民共和国教育部《教育部关于全面深化课程改革　落实立德树人根本任务的意见》（教基二〔2014〕4 号），见政府网（http://old.moe.gov.cn//publicfiles/business/htmlfiles/moe/s7054/ 201404/167226.html.），最后访问日期：2023 年 4 月 5 日。

能运动"的。[1]

2022 年 6 月,《义务教育体育与健康课程标准 (2022 年版)》(简称《新课标》)出台,为西藏学校体育落实"培养什么人、为谁培养人和如何培养人"指明了前进的方向、路线。《新课标》明确提出,义务教育体育与健康课程教学要"坚持'健康第一',落实'教会、勤练、常赛',加强课程内容的整体设计,注重教学方式改革,重视综合性学习评价,关注学生的个体差异"。[2] 不过,被誉为"世界第三极"的青藏高原由于低氧、低压、高寒、风大、紫外线照射强烈、教育资源有限等诸多因素严重制约了义务教育阶段学校体育教学的开展与推进。那么,厘清西藏义务教育阶段体育与健康教学现状对有效落实《新课标》,发挥学校体育的育人功能,促进学生健康成长、全面发展均有积极的作用与意义。

一、高原义务教育阶段体育与健康教学困境

(一) 学生体育硬件设施建设、配备不齐全

体育硬件设施建设是学校体育活动开展的必备基础和安全保障,也是高质量体育教学的前提。《新课标》明确强调"健康第一"然而,笔者通过实地调研发现,虽然西藏多数的城乡中小学都有田径场 (并不都是标准场地),城郊及城镇的学校还有篮球场 (水泥地面、木篮筐)、足球场,以及一些水泥乒乓球台等,部分地区 (如林芝市) 的学校还修建了工布响箭场地 (图 3-2),但是其他的场地设施较缺乏,且有些场地损坏严重,如一些田径场地的塑胶出现裂痕。体育器材方面,虽然多数学校都有篮球、足球,小学还有毽子、沙包、跳绳等,极少数学校还自制了"打牛角"的器械 (图 3-3),但其他类的器材较少,尤其缺少藏族传统体育类的器材。西藏义务教育阶段的学校体育未能取得高质量发展,可能跟场地设施、器材设施不足等有一定的关系[3]。

---

① 参见陈祁罕《初中学生体育核心素养体系及培养路径》,载《教育评论》2017 年第 6 期,第 133-136 页。

② 参见中华人民共和国教育部《义务教育体育与健康课程标准 (2022 年版)》,北京师范大学出版社 2022 年版。

③ 参见张李强《西藏高海拔地区中小学体育现状及其发展路径研究》,载《当代体育科技》2019 年第 9 期,第 72-73 页。

图 3-2　工布响箭场地　　　　　　　图 3-3　打牛角器械

（二）体育教学模式单一、落后

"纪律课""说教课""单一技术课""安全课"等是西藏学校体育的常态课，每堂课教师只教授碎片化知识和技能。[①] 这种类型的课"无运动负荷、无战术、无比赛"[②]，从而形成枯燥、单调的课堂形态，进一步导致学生喜欢体育而不喜欢体育课，学生经过长达 10 年的体育课程学习后，却掌握不了一项运动技能，同时出现学生的体质健康水平持续下降等现象。《新课标》要求，每节体育与健康课，体育教师要设计情景进行教学，让学生在真实、具体的活动或比赛中进行 20 分钟左右的运动技能、10 分钟左右的补偿性体能练习，而且学生的运动要具有一定强度（心率 140～160 次/分）和运动密度（学生总体运动时间不少于课堂总时间的 75%）。[③]

（三）专职体育教师数量有待增加

体育教师是学校体育教学的组织者、引导者和主导者。教师在课堂教学前、中、后，都起着重要的引领、组织与评判作用[④]，对学生的运动参

---

①　参见杨志雄《西藏中学体育教学困境与治理路径研究》，载《西藏科技》2021 年第 10 期，第 61-63 页。

②　参见季浏《我国〈普通高中体育与健康课程标准（2017 年版）〉解读》，载《体育科学》2018 年第 2 期，第 3-20 页。

③　参见教育部《义务教育体育与健康课程标准（2022 年版）》，北京师范大学出版社 2022 年版。

④　参见张李强、汪晓赞《运动教育模式的国际研究热点述评》，载《武汉体育学院学报》2017 年第 2 期，第 93-100 页。

与度有较大的影响①。众多学者强调教学要以学生为主体、教师为主导。②③ 笔者在多地调研发现，西藏多数城乡学校的体育教师有限，大部分学校只有 1 ～ 2 个专职体育教师，且有些学校的体育教师还要负责教务、后勤、学生管理或保卫等工作。部分学校领导的体育教育观念滞后，对影响体育高质量发展的相关因素未给予应有的重视，一定程度上影响了西藏义务教育阶段体育与健康课程的高质量开展。

（四）缺乏多元化评价主体、方式

笔者通过调研了解到，目前西藏义务教育阶段学校体育与健康课程考核多由授课教师自主设计考核内容，以结果性评价为主；且更注重单一碎片化的体育知识、技术考核。这也与以往研究结果基本一致，即西藏学校体育教师的考核内容更注重传统化的"体育基本知识""动作技术"和"出勤"。④

二、高原地区义务教育阶段体育与健康教学优化对策

（一）加强软实力建设，提升学校体育的全员育人观念

人们一贯认为学校体育是"放羊式"教学，殊不知，体育锻炼能有效改善学生的身心健康⑤⑥，一般来说，体质好的学生的学业成绩也相对较

---

① 参见杨志雄《西藏中学体育教学困境与治理路径研究》，载《西藏科技》2021 年第 10 期，第 61－63 页。

② 参见周登嵩《学校体育热点 50 问》，高等教育出版社 2007 年版。

③ 参见陆作生、吕菊、董翠香《对我国体育教学目标人文性的思考》，载《北京体育大学学报》2003 年第 2 期，第 157－159 页。

④ 参见张李强《西藏高海拔地区中小学体育现状及其发展路径研究》，载《当代体育科技》2019 年第 9 期，第 72－73 页。

⑤ 参见盛建国、高守清、唐光旭《体育锻炼对中学生心理健康的影响：自我效能感的中介作用》，载《中国体育科技》2016 年第 5 期，第 98－103 页。

⑥ 参见王红雨、严发萍、张林《强化间歇训练和中等强度持续训练对肥胖大学生体质量指数、血压和心肺机能的影响》，载《中国应用生理学杂志》2017 年第 1 期，第 82－84 页。

好。[1][2] 因为中高强度身体活动能有效提升青少年的体质。[3][4] 而身体活动不足会直接诱发肥胖，继而诱发其他非传染性慢性疾病。[5] 也有研究表明，体育活动对学业成绩有积极促进作用。如杨志长等（2012）经过近 20 年实验研究发现，每天 125 分钟课外体育活动能提高学生的学业成绩。[6] 因此，在学校教育教学改革进程中，相关教育工作者以及职能部门要重视学校体育对学生综合素养提升方面的积极作用，支持与关注西藏学校体育工作的开展。

（二）强调结构化运动知识、技能学练

众所周知，学校体育教学的根本目的是通过身体活动促进身体健康、心理健康，提高社会适应能力，以"体""育"人。因此，教师要通过结构化的知识、技能学练，在情境化的身体对抗活动或比赛中，提升学生在技术、战术应用的过程中解决复杂多变的体育问题的能力，而非片段化地、重复性地教授单个技术。如武术学习的过程中，教师要多创设一些防身、解救类的真实情境，让学生在这些实战对抗类教学情境中将各个武术技术动作融汇贯通。此外，集体类的项目则可以考虑设置角色扮演，让学生轮换担任不同角色，在集体活动中掌握技战术，进而培养学生的集体意识、团队观念和集体责任感。

（三）评价主体多元化、评价方式综合化

教育评价具有激励、反馈、导向、改进的功能，对体育教学的评价可

---

① Sardinha LB, Marques A, Minderico C, et al. "Longitudinal relationship between cardio - respiratory fitness and academic achievement", *Medicine & Science in Sports & Exercise*, 2016, 48, pp 839 - 844.

② 参见樊启学、阳家鹏《学生体质水平与学业成绩关系的实证研究》，载《广州体育学院学报》2018 年第 3 期，第 120 - 124、128 页。

③ Tremblay M S, Le Blanc, A G, et al. "Systematic review of sedentary behaviour and health indicators in school-aged children and youth", *International Journal of Behavioral Nutrition and Physical Activity*, 2011 (8), pp. 98.

④ Clemens D, Vivek K P, Gregory A H, et al. "Effects of moderate and vigorous physical activity on fitness and body composition", *Journal of Behavioral Medicine*, 2016 (39), pp. 624 - 632.

⑤ Hornbuckle, L M, Bassett D R, et al. "Thompson. Pedometer-determined walking and body composition variables in african-american women", *Medicine & Science in Sports & Exercise*, 2005, 37 (6), pp. 1069 - 1074.

⑥ 参见杨志长、杨溢《利用课外体育锻炼快速增长学生身高及提高学习成绩的研究》，载《重庆教育学院报》2012 年第 6 期，第 150 - 153 页。

以根据教学需求和学生学习情况进行，有效促进教与学。然而，西藏义务教育阶段学校体育的评价仍然注重结果性评价，且采取以教师为评价主体的方式进行考核。这种评价方式，教师既扮演了"运动员"的角色，同时又是"裁判员"的角色。这无疑是不科学、不合理的。鉴于此，笔者建议西藏义务教育阶段学校体育与健康课程评价从教师自评、学生评价、教师互评以及领导综合评价等方面出发，选择多元化的评价主体。对于评价方式，建议从教育的本质角度出发，更多地关注过程性评价、增值性评价，最后与结果性评价结合。此外，教师更应该关注学生在一个时段内的学习进步幅度。

（四）构建西藏本土化的学校体育教学模式

学校体育具有增强学生体质、培养运动技能、健全人格等价值，但实现此价值需要构筑起体育学科基础理论和教学模式的"桥梁"。[①] 如国外的运动教育模式在激发学生运动兴趣、端正学生体育学习态度、提升学生运动参与动机和运动参与度等方面均有着一定的促进与改善作用。[②③④] 国内目前正在推广的中国健康体育课程模式要求每节体育课注重情景化教学中，运动技能的学习约占 20 分钟、补偿性体能练习约占 10 分钟的时间，同时学生的运动要有一定的强度和运动负荷。[⑤]

综上所述，在学校体育教学综合改革背景下，西藏义务教育阶段的体育教学应以《新课标》为依据，综合考虑高原环境特点、学生身心发展规律以及学校体育发展现状，基于国内外学校体育课程模式的优秀经验及实践基础，构建高原本土化的课程模式，进一步强化运动负荷、体能发展与运动技能提升。

---

① 参见张李强、汪晓赞《运动教育模式的国际研究热点述评》，载《武汉体育学院学报》2017 年第 2 期，第 93 - 100 页。

② Peter A. Hastie, Diego M de O, Antonio C L. "A review of research on Sport Education: 2004 to the present", *Physical Education & Sport Pedagogy*, 2011, 16（2），pp. 103 - 132.

③ Wallhead T L, Garn A, Vidoni C, et al. "Game play participation of amotivated students during sport education", *Journal of Teaching in Physical Education*, 2013, 32（2），pp. 149 - 165.

④ Deci E L, Ryan R M. "The 'what' and 'why' of goal pursuits: Human need and the self - determination of behavior", *Psychological Inquiry*, 2000（11）pp. 227 - 268.

⑤ 参见季浏《中国健康体育课程模式的思考与构建》，载《北京体育大学学报》2015 年第 9 期，第 72 - 80 页。

第三节　高原藏族学生体质健康研究特征与热点聚焦

　　2010 年全国学生体质健康调查结果显示，仅 21.95% 的中小学生每天锻炼 1 小时，视力不良检出率、肥胖率持续上升，且呈低龄化趋势。[①]2008 年西藏自治区教育厅组织专家检测拉萨市 1799 名（男生 899 名，女生 900 名）7—18 岁的藏族学生的身高、体重、胸围、肺活量、视力、运动能力等指标，并与 1985 年的调研资料对比，结果发现，23 年间藏族男生平均身高、体重、胸围分别增长了 2.71 cm、2.63 kg 和 0.96 cm，女生分别增长了 1.56 cm、1.51 kg 和 0.88 cm；藏族学生低体重及营养不良检出率降低，学生营养状况得到改善。郭慧芳对藏族高校大学生 2013 年和 2017 年体质健康的调查发现，男生肥胖率和超重率均下降，低体重率上升，女生肥胖率有所上升；男生体质健康各项素质综合得分均值由 2013 年的 68.78 分下降到 2017 年的 68.54 分，女生由 2013 年的 64.07 分上升到 2017 年的 64.09 分，且均有统计学差异。[②]可见，藏族高校男生的身体素质相关指标值呈下降趋势，女生身体素质相关指标值略有上升但均值低于男生。

　　学生的健康事关全民健康、民族兴旺和国家昌盛，党和国家历来高度重视，并先后出台了一系列指导文件与改革政策。《中共中央国务院关于加强青少年体育增强青少年体质的意见》（〔2007〕7 号）提出，认真落实加强青少年体育、增强青少年体质的各项措施。2013 年，习近平总书记在全国群众体育先进单位先进个人、全国体育系统先进集体先进工作者表彰大会上强调："全民健身是全体人民增强体魄、健康生活的基础和保障，人民身体健康是全面建成小康社会的重要内涵，是每一个人成长和实现幸福生活的重要基础。"2016 年，《"健康中国 2030"规划纲要》强调，要以青少年人群为重点，普及科学健身知识与方法，培育青少年体育兴趣，

---

① 参见教育部《教育部关于 2010 年全国学生体质与健康调研结果公告》，见中华人民共和国教育部官网（http://old.moe.gov.cn/publicfiles/business/htmlfiles/moe/s5948/201109/124202.html.），最后访问日期：2023 年 9 月 6 日。

② 参见郭慧芳《藏族高校学生 2013 与 2017 年体质健康比较》，载《中国学校卫生》2018 年第 11 期，第 1726 – 1729 页。

提升青少年健康。2017 年，西藏自治区卫生与健康大会上，西藏自治区党委书记吴英杰提出，在"健康中国"战略思想的引领下，要想依法治藏、富民兴藏、长期建藏，扎实推进健康西藏建设，就要着力发展人民的健康事业，尤其是加强青少年儿童的健康服务工作，重视青少年的体质并进行跟踪研究与科学分析，为谱写中国梦西藏篇章打下坚实的健康基础。2020 年，习近平总书记主持召开中央全面深化改革委员会第十三次会议并发表重要讲话。他指出："深化体教融合促进青少年健康发展，要树立健康第一的教育理念，推动青少年文化学习和体育锻炼协调发展……帮助学生在体育锻炼中享受乐趣、增强体质、健全人格、锻炼意志，培养德智体美劳全面发展的社会主义建设者和接班人。"

综上所述，高原藏族学生体质健康研究取得了一定的成果。笔者以文献计量学方法梳理 1995 年以来藏族学生体质健康研究特征与热点问题，为后续藏族学生体质健康的实证研究理清脉络，为学校体育与健康课程发展和政府制定相关政策提供理论依据。

一、研究对象与研究方法

（一）研究对象

笔者以 1995 年 12 月 25 日—2020 年 12 月 31 日收录于中国知网的有关高原学生体质健康的文献为研究对象，梳理高原学生体质健康研究特征与研究热点，为高原学生体质健康研究、健康促进的干预提供理论基础，以促进高原学生健康发展。

（二）数据来源

以"体质健康""高原"为主题词，笔者于 2021 年 1 月 23 日搜索了1995 年 12 月 25 日—2020 年 12 月 31 日收录在中国知网数据库的所有高原学生体质健康的相关研究，共检索到 77 条文献，剔除发表在《成都体育学院学报》《西藏大学学报（汉文版）》和《青海师范大学民族师范学院学报》三个期刊上关于"藏族参与奥林匹克""全国大学生运动会科学报论文报告通知""锅庄舞的全民健身"的研究，共获得 74 条有效文献。

（三）研究方法

文献计量法是以数学、统计学知识定量统计文献出版数量、时空分布特征的方法。笔者基于文献资料法分析搜集的文献，并借助文献计量法呈现藏族学生体质健康的研究特征与热点。笔者通过 Excel 2019 和 CiteSpace V可视化分析软件对研究文献作者、关键词、研究机构等特征信息进行分析，挖掘引文空间的知识聚类和分布[①]，通过知识单元间的交叉共现来实现分析结果的图片化输出[②]，时间切片设置为"1 年"，最后绘制共现网络、关键词突现、时区演变等知识图谱，从而精确追踪与分析本领域的研究热点与脉络进程。[③]

二、结果与分析

（一）高原学生体质健康研究的发文数量分析

发文数量在一定程度上反映了研究的活跃程度和热点问题。1995 年，李淑洁等学者关于藏、汉族女生体质健康状况的研究成果率先刊登在《中国初级卫生保健》，但是，至 2020 年底，关于藏族学生体质健康的研究成果总体数量较少（74 篇），呈波浪式的增长态势。其中 2009 年（7 篇）、2016 年（12 篇）和 2019 年（9 篇）是此领域研究成果产出的三个峰点，分别占样本文献总数的 9.46%、16.22% 和 12.16%。笔者认为，上述分布情况与 2008 年北京奥运会的举办、《国家学生体质健康标准（2014 年版)》的颁布、《体育发展"十三五"规划》《"健康中国 2030"规划纲要》等文件的发布，以及 2017 年召开的西藏自治区卫生与健康大会有关，这些举措激发了学者们对藏族学生健康的关注。笔者进一步分析所查阅的文献发现，目前关于藏族学生体质健康的研究主要涉及体育学（80.00%）、公共卫生与预防医学（8.75%）、教育学（8.75%）、社会学（1.25%）和临床医学（1.25%）五大学科。可见，体育学科对藏族学生体质健康研究的重视，这也从另一个侧面凸显了体育活动对学生体质健康的促进作用。

---

① 参见戴圣婷、杨剑、刘伟等《中国锻炼心理学研究演进的可视化分析》，载《武汉体育学院学报》2018 年第 7 期，第 75 – 81 页。
② 参见张健、孙辉、张建华等《国际儿童青少年身体活动研究的学科特征、动态演进与前沿热点解析》，载《体育科学》2018 年第 12 期，第 68 – 80 页。
③ Chen M C. "Citespace II: Detecting and visualizing emerging trends and transient patterns in scientific literature", *Journal of the American Society for Information Science and Technology*, 2006, 57 (3), pp. 359 – 377.

（二）高原学生体质健康研究的机构分析

共现网络是指一个关键词与其他一个或多个关键词连线构成的网络，而共现词的节点大小反映了该词出现频次的高低及在此领域的贡献程度。根据普莱斯定律，发文量在 2 篇以上者为此领域的高产作者。因此，笔者仅总结了发文量在 2 篇及以上学者的发文情况，其中，发文量并列第一位的是佘静芳和杨建军，均为 6 篇；第二位是西藏民族大学的耿献伟，发文 5 篇；并列第三位是西藏民族大学的杨海航、郭慧芳和陶光华，均发文 4 篇；其余作者均发文 2 篇。高原藏族学生体质健康研究作者知识图谱如图 3-4 所示。分析研究机构分布特征与合作情况可为该领域人才的选拔、培训、提升及学术合作等提供参考依据。① 西藏民族大学作为西藏体育人才培养的主要机构，也是藏族学生体质健康研究的高产研究机构与主要研究基地（共发表论文 23 篇）。湖南民族职业学院发表论文 8 篇，青海师范大学发表论文 6 篇，分别位列第二、第三位，其他机构发表论文较少。从研究机构分布来看，除周学雷和宋军所在单位机构分别是教育厅和中学外，其他学者均是高校人员。但值得注意的是，目前形成了以同事和同事、导师和学生为主的学术合作，辅以学术圈内的学术合作模式。可见，藏族学生体质健康研究的高产作者群和合作机构尚未完全形成，以从理论上共同探讨藏族学生体质健康现状与存在问题为主，并构建纾解路径。这在一定程度上制约了藏族学生体质健康研究的深度和广度。在后续研究中，各研究机构及研究者们应努力寻求拓展合作路径。此外，从研究对象来看，目前的研究成果主要聚焦在大学生体质健康的研究，关于中小学生的研究甚少，不利于藏族学生体质健康计划的制订与实施。

---

① 参见孙海生《国内图书情报研究机构科研产出及合作状况研究》，载《情报杂志》2012年第 2 期，第 67-74 页。

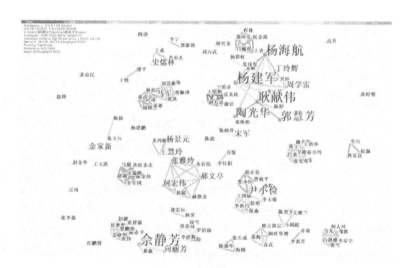

图 3-4　高原学生体质健康研究作者知识图谱

（三）高原学生体质健康研究的热点分析

关键词是作者研究内容的高度凝练，能简洁、准确地表达特定时段内研究者的主旨思想，凸显研究领域的热点动态，在一定程度上能有效反映研究目的、对象、方法、结果以及文本属性和研究前沿热点。[1][2][3]

1. 高原藏族学生体质健康研究的关键词共现网络明显，但是深度有待提升

高原藏族学生体质健康研究高频关键词从 2003 年开始浮现，并在后续研究中不断更替转换，反映着该领域前沿热点的持续动态变化。为了解藏族学生体质健康研究的关键词聚焦情况，笔者在 CiteSpaceV 的后台将节点设为"关键词"，再进行阈值调试和聚类分析，绘制了藏族学生体质健康研究关键词共现知识图谱（图 3-5）。研究结果发现，知识图谱共有111 个节点，201 条节点连线，密度为 0.0329。其中，节点大小代表着藏族学生体质健康研究的关键词出现频次高低及活跃程度，而节点连线的粗

---

①　参见柯平、贾东琴《2001—2010 年国外信息管理研究进展：基于相关文献的计量分析和内容分析》，载《中国图书馆学报》2011 年第 5 期，第 61-74 页。

②　参见倪莉《基于知识图谱的我国体育资源配置研究：发展动态与热点问题》，载《沈阳体育学院学报》2019 年第 1 期，第 67-73、87 页。

③　Nowicka P，Flodmark C E．"Physical activity – key issues in treatment of childhood obesity"，*Acta demic Paediatrics*，2007，96（454），p.3945.

细和密集程度则意味着某个关键词与其他高频词在此领域的发展动向。本研究中，节点从大到小依次为"体质健康""少数民族""大学生""藏族学生""身体素质"等，它们在本领域中的出现频次、活跃度较高，同时也贯穿了1995—2020年藏族学生体质健康研究并且连接了其他关键词，成为本领域研究的重要关键词。

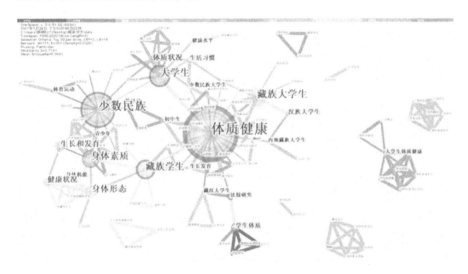

图3-5　高原藏族学生体质健康研究的关键词共现知识图谱

　　1995—2020年高原藏族学生体质健康研究主要是阐述研究对象的体质健康、身体素质等现状，很少提及如何预防、干预与改善体质健康。如何以有效行动改善学生体质健康才是根本。国内外不少学者从体质论与技能的矛盾论的视角论述了学生体质健康[①]，研究认为应加强城乡学生、中国与他国学生之间体质健康的比较，以纾解国内学生体质健康长期存在的问题。如杨桦教授认为，要结合我国国情，借鉴国外先进经验，采取切实有效可行的措施以改善我国学生肥胖率上升和体质持续下降的现状。[②] 全面

————————

　　①　参见张洪潭《体质论与技能论的矛盾论：百年学校体育主线索厘澄》，载《体育与科学》2000年第1期，第8-16、22页。

　　②　参见杨桦《深化"阳光体育运动"，促进青少年体质健康》，载《北京体育大学学报》2011年第1期，第1-4页。

提高学生体质，务必要立足促进全体学生全面发展、遵循学校体育改革规律①，制定有效衔接大中小学各学段的课程体系。研究表明，12 周的运动干预有增强学生体质健康的功效。② 因此可以考虑从改善学生生活方式和制定运动干预措施方面促进藏族学生体质健康。③

2. 体育运动是高原藏族学生体质健康促进与理论研究的抓手和热点

突显的关键词是指某一段时间内突显程度高的词，也是本领域内的阶段性研究热点词汇。由图 3 - 6 可知，1995 年以来，本领域的研究呈现出较明显的特征，2011 年以前研究热点是大学生体质健康状况，2011—2015年，突显的关键词为"健康水平"，而 2015 年以来，突显的关键词是"体育运动"。这三个阶段研究热点的不同均与当时的学校体育与健康课程改革及相关的时代赋予的健康要求息息相关。如第一个阶段恰逢第七次学校体育与健康课程改革，当时强调以提高学生体质健康水平为核心发展学校体育；第二阶段则是依照《国家学生体质健康标准（2010 版）》，反映学生体质健康水平的部分指标有所改善，重心转向提升学生身体健康、心理健康和社会适应能力等综合健康水平；第三阶段则与 2016 年《"健康中国2030"规划纲要》的提出，以及习近平总书记在不同场合多次强调"要开齐开足体育课，帮助学生在体育锻炼中享受乐趣、增强体质、健全人格、锤炼意志"等有关。

学生健康成为实施健康中国战略行动的关注点，该方向的研究重心也从单一研究藏族学生体质健康水平转向研究"体育运动"促进学生全面健康发展过渡，这也将成为今后一段时间学校体育课程实施的重点及研究趋势。

中心值（centrality）是关键词等指标重要性的进一步量化，某词中心值 > 0.1 说明该词对某一研究领域的贡献度较高。笔者依据所统计的 74 篇文献的关键词可视化图谱、突显图以及出现频次前 15 位关键词的数据统计得出表 3 - 1，进一步分析高原藏族学生体质健康研究的热点。结合

① 参见曲宗湖、郑厚成《论我国高校体育改革的发展与构思》，载《体育科学》1998 年第4 期，第 6 - 9 页。

② 参见刘星亮、孟思进《运动干预对增强青少年体质与健康的效果》，载《广州体育学院学报》2016 年第 1 期，第 19 - 22 页。

③ 参见李玉周、尹继鑫、张戈《"体质"到"健康促进"：我国学生体质研究的热点嬗变》，载《沈阳体育学院学报》2019 年第 1 期，第 94 - 100 页。

图 3 - 6 和表 3 - 1 可知，"体质健康""少数民族""大学生"等关键词在本领域出现的频次较高，这在一定程度上反映了藏族学生体质健康研究的热点问题。关键词"比较研究"仅出现 2 次，这也可能成为后续研究的一个重要的方法突破口。

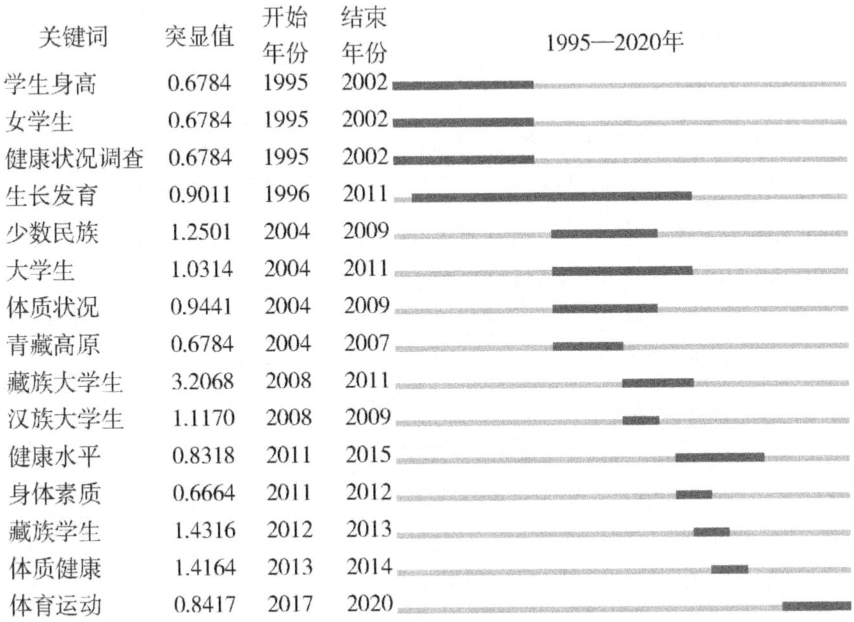

关键词	突显值	开始年份	结束年份	1995—2020年
学生身高	0.6784	1995	2002	
女学生	0.6784	1995	2002	
健康状况调查	0.6784	1995	2002	
生长发育	0.9011	1996	2011	
少数民族	1.2501	2004	2009	
大学生	1.0314	2004	2011	
体质状况	0.9441	2004	2009	
青藏高原	0.6784	2004	2007	
藏族大学生	3.2068	2008	2011	
汉族大学生	1.1170	2008	2009	
健康水平	0.8318	2011	2015	
身体素质	0.6664	2011	2012	
藏族学生	1.4316	2012	2013	
体质健康	1.4164	2013	2014	
体育运动	0.8417	2017	2020	

图 3 - 6　高原藏族学生体质健康研究关键词突显图

表 3 - 1　高原藏族学生体质健康研究高突显关键词的中心值汇总

序号	关键词	中心值	频次
1	体质健康	0.76	22
2	大学生	0.35	8
3	少数民族	0.32	14
4	藏族学生	0.23	7
5	比较研究	0.13	2
6	身体素质	0.12	7

2017—2020 年的最新发文关键词突显情况表明，本领域内的学者立足于藏族学生体质健康现状，通过"体育运动"干预手段维持、改善藏族学生健康水平。此外，学者们还可以尝试探讨藏族人民生存的独特环境、生活方式、运动认知以及生活习惯等因素与藏族学生健康状况的交互影响。

三、结论与建议

（一）结论

1. 体育学科引领高原藏族学生体质健康研究，但总体产量不高

高原藏族学生体质健康研究成果数量呈持续增长趋势，但是总体研究成果产出速度慢、数量少，研究多从纵向视角，仅针对不同地区学生体质健康指标进行简单比较，没有从多学科视角挖掘学生体育运动与健康的关系及其影响因素。此外，除体育学科外，公共卫生与预防医学、教育学、社会学和临床医学等学科也关注藏族青少年体质健康研究。

2. 高原藏族学生体质健康研究机构分散，团体合作较少

西藏民族大学、湖南民族职业学院、青海师范大学是藏族青少年体质健康的主要研究机构。这些大学有较多藏族学生，为学者研究对象的选取提供了独特优势。其中杨建军、佘静芳是本领域研究的高产作者，耿献伟、杨海航等学者紧随其后。综合分析，这些机构间合作不多，以同事和同事、导师和学生的合作为主，不同机构的学者合作为辅，没有形成高产作者群；虽然相对孤立的研究保证了研究成果的多样性和差异性，但尚未形成有影响力的成果。

3. 高原藏族学生体质健康研究热点变化显著

高原藏族学生体质健康研究的热点关键词是"体质健康""身体素质""体育运动"等。但随着时间的推移和国家相关健康促进政策的出台，研究热点逐渐从身体形态（学生身高）转变到健康状态［体质（健康）］再到干预（体育运动）。

（二）建议

1. 加强纵横维度比较，多学科融合研究

后续研究应注重借鉴国内外先进科研成果与理念，从运动学、营养学、心理学和公共卫生学等多学科视角剖析藏族学生身体形态、身体素质和身体机能对体质健康的影响；在考虑对个体进行纵向研究的同时，注重

不同海拔区域藏族学生体质发展的横断历史研究；挖掘不同海拔地区藏族学生体质健康特征与规律，厘清自然环境、生活方式、身体活动及久坐行为、运动认知、家长支持、学校体育等因素与体质健康的内在逻辑关系，以预防与改善藏族学生现代非传染性流行疾病的发生和发展。这不仅能提升本领域研究产量，也能增强藏族学生体质健康。

2．构建全学段合作的教研模式，充分发挥不同学段的角色内涵的作用

为了促进学生体质健康研究的深入，应加强多机构科研合作及老中青人才梯队的构建。不同机构研究人员可以定期开展线上、线下的学术交流会，畅通多机构间的学术合作与交流。加强中小学的实践教学，以验证高校体育与健康促进的理论研究的可行性。

3．注重多元研究方法，深入挖掘、探讨高原藏族青少年健康促进方案

学者们应该基于现状，并借助现代信息技术（如计步器、加速度计）等量化工具采集数据，分析藏族青少年体质健康水平，剖析其影响因素并构建模型，同时结合定性分析探讨藏族青少年健康促进干预方案，以实现培养健康全面发展的藏族人才目标。此外，相关研究要紧扣西藏高寒高海拔、低氧低压等自然因素，在开展西藏本土化的学校体育教育教学过程中寻找研究方法。

第四节　高原藏族学生体质健康发展的现状、困境与纾困路径

"青年兴则国家兴，青年强则国家强。"[1] 我国儿童青少年体质健康水平持续下降是当前不争的事实。[2][3][4] 2021 年 4 月，全国学生体质健康调查结果显示，近 5 年来，尽管中小学生在力量、速度等方面出现明显好转，

---

① 《决胜全面建成小康社会　夺取新时代中国特色社会主义伟大胜利》，载《人民日报》2017 年 10 月 19 日第 1 版。

② 参见邢文华《中国青少年体质的现状及加强青少年体育的紧迫性》，载《青少年体育》2012 年第 1 期，第 5 - 6 页。

③ 参见李鸿宜、钱章铚、何立等《西安某高校 2005—2018 年新生体质状况》，载《中国学校卫生》2021 年第 2 期，第 299 - 301 页。

④ 参见汪志胜、郑滔、刘承宜《我国中小学生超重、肥胖检出率变化趋势的拓扑学特征》，载《体育学刊》2020 年第 1 期，第 139 - 144 页。

但是大学生的体质下滑趋势并未得到遏制，超重、肥胖大学生的比率达到24.7%，截至2020年，全国约三成的大学生体质健康水平不及格。[①] 习近平总书记在会见全国体育先进单位和先进个人代表时提道："人民群众身体健康是全面建成小康社会的重要内涵，是每一个人实现健康成长和幸福生活的重要基础，我们要广泛开展全民健身活动，促进群众体育与竞技体育全面发展。"[②]

尽管经过长期的自然选择，世居高原的藏族群众会适应－习服高原环境，并被认为是世界上最适应高原的人群，[③] 但是，西藏平均海拔约4000米，高寒风大、低氧低压、紫外线照射强烈、人体水分流失严重，人的自主神经系统调节功能会发生不同程度的变化[④]，对机体健康有着一定的影响。[⑤][⑥][⑦] 藏族大学生是西藏经济社会发展的希望，是"治边稳藏"发展战略的重要后备力量。研究表明，居住在海拔3500米以上的人群，对高原特殊环境具有最佳的生理适应性。[⑧] 但是，长期居住在高原低氧环境下的藏族人群的生长发育比平原地区人群迟缓[⑨]，且其身体素质达标率随海拔

---

① 参见央视新闻《全国学生体质健康调查：约三成大学生体质健康不及格》，见新华报业网（http://news.xhby.net/index/202104/t20210424_7060954.shtml.），最后访问日期：2023年4月24日。

② 《习近平会见全国体育先进单位和先进个人代表》，载《人民日报》2013年9月1日第1版。

③ 参见宋海峰《我国高原世居藏族低氧适应研究的系统综述》，载《黄冈职业技术学院学报》2019年第3期，第92-94页。

④ 参见朱莎、丁宁炜、刘凌《高原及低氧环境对心率变异性影响研究进展》，载《中国运动医学杂志》2010年第3期，第359-362页。

⑤ 参见万霖、王养民《高原低氧环境对男性精子浓度影响研究进展》，载《中华男科学杂志》2012年第9期，第835-839页。

⑥ 参见林凯、吴燕、张硕等《高原低氧环境部队官兵精子质量研究》，载《军医进修学院学报》2011年第7期，第698-700页。

⑦ Okumura A, Fuse H, Kawauchi Y, et al. "Changes in male reproductive function after high altitude mountaineering", *High Altitude Medicine & Biology*, 2003 (3), pp. 349-353.

⑧ 参见崔超英、祁学斌、欧珠罗布等《青藏高原史前人类定居历史与藏族人群对高原低氧环境的适应机制》，载《高原科学研究》2017年第1期，第76-82页。

⑨ Weitz C A, Garruto R M, Chin C T, et al. "Growth of Qinghai Tibetans living at three different high altitudes", *American Journal of Physical Anthropology*, 2000 (1), pp. 69-88.

升高而逐渐降低。①②

目前关于藏族学生体质的研究成果鲜见且不够深入，还有不少研究结果不一致。本节从藏族学生的体质健康发展现状、存在困境以及纾困路径三个方面展开研究，以期为改善藏族学生体质健康提供理论基础。

一、高原藏族学生体质健康发展的现状

体质包括身体素质、身体形态和身体机能三个方面，反映个体综合健康状况。笔者通过文献梳理、实地观察等研究发现，世居高原的藏族学生的体质健康状况也并非都优于其他地域的同龄学生。这与以往人们认为世居高原的藏族青少年具有更好的体质、更魁梧的体型等观点并不完全一致。如陈鹏飞（2016）的研究发现，世居青藏高原的藏族大学生的身体形态、机能和素质指标显著低于其他地方的大学生。③ 郭慧芳等（2020）对西藏民族大学、西藏大学、西藏藏医药大学、西藏农牧学院四所藏族高校的3209名藏、汉族乡村大学生的体质进行比较发现，藏族乡村大学男生的身高、体重、立定跳远的均值都低于汉族男生，而引体向上的均值则高于汉族男生；藏族乡村大学女生的立定跳远、50米跑、耐力跑成绩的均值则低于汉族女生。④ 此外，学者对西藏民族大学近5年（2016—2020年）16809名藏族大学生体质健康的纵向比较发现，藏族大学生的体质健康总分不及格率（24.93%）低于全国高校大学生不及格率（30.0%），其中，立定跳远是藏族大学生体质健康指标中不及格率最高的，身高、体重在整体上呈逐年上升趋势；随着营养水平的改善，低体重率明显下降，但因为身体素质水平低，体重超重的问题依然突出，严重影响藏族大学生的综合健康水平；BMI、肺活量及肺活量指数的变化趋势未显现出明显的

---

① 参见张世春《青藏高原不同海拔地区老年人群体质状况的对比分析》，载《体育文化导刊》2006年第6期，第60-62页。

② 参见黄学诚、陆思瑾、吕磊《云贵高原不同海拔地区成年女性体质状况比较研究》，载《体育研究与教育》2012年第S2期，第200-201页。

③ 参见陈鹏飞《世居西藏高原地区藏族大学生体质特征的研究》（硕士学位论文），西安体育学院，2016年。

④ 参见郭慧芳、陶光华、耿献伟《西藏地区藏族和汉族乡村大学生体质健康状况比较》，载《中国学校卫生》2020年第5期，第786-788页。

规律。[1] 可见，藏族大学生的体质健康状况并不乐观，依然需要引起相关部门的高度重视。

低体质健康水平对人的整体健康影响极大，在恶劣的自然环境中会表现得更突出，其中急性轻症高原病的发病率高达 51%[2]，严重可达到 57.2%[3]。有研究表明，超重和肥胖者在从事低强度运动时，脂肪供能比例显著增加，有氧代谢能力得到一定程度的改善，低氧环境和高原训练对其的改善幅度更大；同时，无氧运动能力也得到一定幅度的提高，其中女性无氧运动能力的提高较男性更为显著。[4] 在体质健康水平下降时，人的心理健康水平和认知功能同样会受到影响，人的情绪发生变化的概率会增大，人际关系、工作和学习等的效率会下降。[5] 尤其海拔高度超过 4000 米时人的反应能力会下降，较平原地区人的反应速度有提高，但其错误发生的概率显著升高。此外，Schlaepfer 等（1992）的研究发现，急进高原并持续停留 10 小时以上者的注意广度等认知功能会受到显著影响[6]，同时，焦虑、语言功能，认知任务完成度，困难感知，获得、保持记忆，操作速度等心理水平也均会受到明显的影响[7]。而且有研究认为，艰苦的高原条件、恶劣的自然环境等是藏族学生身心健康水平降低的潜在诱因，受这些因素影响而产生的身心不适感不易受其他因素改变。[8][9]

---

① 参见郭慧芳《藏族大学生体质健康状况分析：以西藏民族大学为例》，载《西藏民族大学学报（哲学社会科学版）》2022 年第 3 期，第 786 – 788 页。

② Wu T Y, Ding S Q, Liu J L, et al. "Who should not go high: chronic disease and work at altitude during construction of the Qinghai – Tibet railroad", *High Altitude Medicine & Biology*, 2007（2），pp. 88 – 107.

③ Ren Y, Fu Z, Shen W, et al. "Incidence of high altitude illnesses among unacclimatized persons who acutely ascended to Tibet", *High Altitude Medicine & Biology*, 2010（1），pp. 39 – 42.

④ 参见高欢《低氧及高原耐力训练对超重和肥胖青少年身体成分、静息代谢和运动能力的影响》（博士学位论文），上海体育学院，2013 年。

⑤ 参见侯瑞鹤、俞国良《情绪调节理论：心理健康角度的考察》，载《心理科学进展》2006 年第 3 期，第 375 – 381 页。

⑥ Schlaepfer T E, Bartsch P, Fisch H U. "Paradoxical effects of mild hypoxia and moderate altitude on human visual perception", *Clinical Science（London）*, 1992, 83（5），pp. 633 – 636.

⑦ Pelamatti G, Pascotto M, Semenza C. "Verbal free recall in high altitude: proper names vs common names", *Cortex*, 2003, 39（1），pp. 97 – 103.

⑧ 参见张磊、金国辉、张红军等《地导部队官兵高原驻训生理指标变化及卫勤保障启示》，载《解放军预防医学杂志》2012 年第 4 期，第 294 – 295 页。

⑨ 参见乔昆、张鹏《高原外训军人心理健康、认知因素与急性高山病的相关性》，载《中国健康心理学杂志》2015 年第 1 期，第 61 – 64 页。

大学生已经基本进入成人期，成人期是人类全生命周期的重要转折期。成人的健康对于个人、家庭、社会与国家的发展均非常重要。现有研究关于藏族成人的体质研究并不多见，且主要是从医学与健康的角度展开研究，有关体育与藏族成人的健康研究寥寥无几，不过，在强调多学科融合的时代背景下，现有研究为今后从体育学科角度研究高原藏族人群体质与健康奠定了重要的理论基础。其中，Tripathy 等（2007）对生活在印度低海拔和高海拔地区至少40年的藏族人群的人体测量学指标进行研究，结果发现，低海拔地区，无论男性还是女性，身高和体重都显著高于高海拔地区人群。[1] 胡建忠等（2004）研究发现，青海省部分成年人的体质不达标，但男女之间无显著的差异，低于同年全国成人体质的不达标率。[2] 次仁卓玛等（2021）通过对西藏3个地市中4个不同海拔高度地区的18岁以上生活在高原（三代以上）且未与其他民族婚配的872人的体质指数（BMI）进行研究，结果发现：海拔对世居藏族人群的 BMI 影响较大，尤其是海拔超过4500米时，BMI 呈显著的下降趋势；尽管居住在5018米海拔地区的人群的超重和肥胖检出率较低，但是其余3个更低海拔地区的人群的超重和肥胖的高检出率不容乐观，最高可达56.2%。[3]

二、高原藏族学生体质健康发展的困境

（一）恶劣的自然环境影响

海拔升高对人的身体机能的影响不完全相同，主要表现为：随着海拔升高，人的身体机能发生适应性的变化。[4] 其中，随海拔升高，氧气含量逐渐下降，对高原地区藏族人群体质造成严重影响，尤其对中老年人的影响较大。[5] 此外，关北光（2006）的研究发现，随海拔升高，人的肺活量

---

① Tripathy V，Gupta R. "Growth among Tibetans at high and low altitudes in India"，*American Journal of Human Biology*，2007，19（6），pp. 789 – 800.

② 参见胡建忠、周健生、饶平《高原地区人群体质监测结果及研究》，载《体育科学》2004年第9期，第63 – 66页。

③ 参见次仁卓玛、张浩天、玉珍等《西藏四个不同海拔地区世居藏族居民体质指数现况分析》，载《高原科学研究》2021年第1期，第76 – 81页。

④ 参见赵亮、张欢《甘南藏区6—12岁儿童体质健康状况与多维空间影响因素研究》，载《吉林体育学院学报》2016年第1期，第72 – 76页。

⑤ 参见胡建忠、周健生、饶平《高原地区人群体质监测结果及研究》，载《体育科学》2004年第9期，第63 – 66页。

呈下降趋势，而低海拔地区人群的体质优于高海拔地区人群。[①] 黄学诚等（2012）研究发现，低海拔区域女性的身体素质优于中、高海拔地区女性。[②] 国内外的部分研究认为，藏族人群的体质下降、超重和肥胖的高检出率，可能与高海拔、当地的饮食习惯和体育锻炼有关。[③④] 也有研究认为，长期暴露在极高海拔的藏族人群的体质水平与机体对碳水化合物的吸收率、脂肪代谢、机体含水量有关。[⑤] 尤其随着海拔升高，人体摄入的食物减少，能量降低，进而引起体重下降[⑥]，同时，高海拔会造成机体水分丢失[⑦]。

（二）膳食结构差异对体质健康的影响

科学合理的饮食为正常生计提供了物质基础和能量保障，但是，不同的饮食习惯和体育锻炼对藏、汉族大学生的身体形态、机能、素质的影响存在显著的差异。[⑧] 尹德福（2017）研究发现，受营养状况等因素的影响，四川甘孜藏区藏族中小学生除身体机能普遍优于全国同龄的平均水平外，体质发育，身高、体重、身体素质均差于全国同龄平均水平。[⑨] 赵亮等（2016）的研究指出，藏族儿童自幼接受单一结构的饮食，这种饮食结构对体质健康的影响很大。[⑩] 此外，对于藏族大学生而言，他们有相当一

---

① 参见关北光《四川省不同海拔六市（州）成年人体质研究》，载《北京体育大学学报》2006 年 11 期，第 1518 – 1519 页。

② 参见黄学诚、陆思瑾、吕磊《云贵高原不同海拔地区成年女性体质状况比较研究》，载《体育研究与教育》2012 年第 S2 期，第 200 – 201 页。

③ 参见闫敏、关志峰、陈勇等《西藏部分地区干部超重和肥胖患病情况与防治策略浅析》，载《实用预防医学》2007 年第 2 期，第 60 – 62 页。

④ 参见拉巴片多、孙舒瑶、索朗片多等《日喀则地区藏族成年人的血压、血糖、血脂与肥胖的关系》，载《华西医学》2018 年第 5 期，第 532 – 536 页。

⑤ 参见黄徐根、徐建方、冯连世《低氧暴露及低氧训练对体重的影响》，载《体育科学》2006 年第 3 期，第 86 – 93 页。

⑥ Boyer S J, Blume F D. "Weight loss and changes in body composition at high altitude", *Journal of Applied Physiology*, 1984, 57 (5), pp. 1580 – 1585.

⑦ Kayser B. "Nutrition and energetics of exercise at altitude. theory and possible practical implications", *Sports Medicine*, 1994, 17 (5), pp. 309 – 323.

⑧ 参见王成、李勇杰、史儒林《藏族、汉族大学生体质状况的比较研究》，载《北京体育大学学报》2008 年第 7 期，第 96 页。

⑨ 参见尹德福《四川甘孜藏区世居中小学生体质现状及影响因素调查分析》（硕士学位论文），成都体育学院，2017 年。

⑩ 参见赵亮、张欢《甘南藏区 6—12 岁儿童体质健康状况与多维空间影响因素研究》，载《吉林体育学院学报》2016 年第 1 期，第 72 – 76 页。

部分来自农牧区，对体质健康的认知不足；还有近 3 成被调查的藏族大学生并不喜欢体育课、自主锻炼意识薄弱，同时，受地域、风俗习惯等因素的影响，大一、大二学生偏好高热量肉类、油炸类食品，喜欢喝含糖饮料，较少摄入蔬菜，这在很大程度上影响了他们的体质健康水平。[①]

（三）对体质健康缺乏理性的认识

1. 内因：学生不够重视

内因是事物发展的根据、存在的基础。学生对体质健康不够重视，对体质健康缺乏科学、理性的认识，他们便不关心体质测试工作，最终导致测试结果不理想。例如，西藏某高校有 51.1% 的藏族大学生的立定跳远成绩不及格，尤其是女生。[②] 如果学生对体质健康的态度得不到改善，就很难提升学生对体质健康的重视度，也较难产生长期效应。

2. 外因：测试过程不够规范

外因是事物发展进程中的外部条件，能够加速或者延缓事物发展的进程，改变事物发展的面貌。学生不仅对体质健康缺乏主观认知的内在推动力，而且一些客观的外在因素同样也影响着学生体质健康水平的发展、提升。例如，测试工作安排不周密，测试仪器精密度不高、陈旧破损，仪器的数据传输线路不匹配，学生的基本动作不规范等因素，均对精准评估体质健康产生了负面影响。

（四）师资、场地设施对体质健康的影响

教师是西藏高校体育教学的组织者、引导者和实施者，场地设施是顺利开展体育教学的必备基础条件。然而，笔者在文献梳理和实践调研过程中发现，西藏高校存在专职教师缺乏、体育场地设施不足的现象。这与杨建鹏等早在 2009 年的研究结果一致。[③] 西藏自治区教育厅官方网站公布的《2021 年西藏教育事业发展统计公报》的统计数据显示，截至 2021 年 10 月 31 日，西藏高校在校生 45559 人（普通专科生 12783 人、普通本科生

---

① 参见郭慧芳《藏族大学生体质健康状况分析：以西藏民族大学为例》，载《西藏民族大学学报（哲学社会科学版）》2022 年第 3 期，第 128－133 页。

② 参见郭慧芳《藏族大学生体质健康状况分析：以西藏民族大学为例》，载《西藏民族大学学报（哲学社会科学版）》2022 年第 3 期，第 128－133 页。

③ 参见杨建鹏、尼玛欧珠《西藏高校体育教学的现状与发展研究》，载《内江科技》2009 年第 9 期，第 136－138 页。

28521 人、硕士研究生 3983 人、博士研究生 272 人），自 2016 年以来呈持续增多趋势（图 3 - 7)①。然而，笔者通过调研结果发现，目前西藏 7 所高校的体育教师总人数不足 120 人（表 3 - 2），普通高校体育教师与学生人数比例达到 1∶411 左右，这远远超过教育部建议的全职体育教师与学生人数的比值（1∶300 左右）。该结果与西藏民族大学王玉闯等在 2020 年的研究结果（截至 2015 年，西藏自治区 6 所高校共有专职体育教师 81 人，在校生 34902 人，师生比为 1∶431）接近。

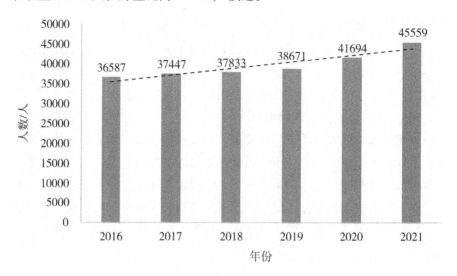

图 3 - 7　2016—2021 年西藏高校在校生人数

表 3 - 2　西藏高校专职体育教师分布情况

学校	体育教师人数/人
西藏大学	17
西藏民族大学	40
西藏藏医药大学	5
西藏农牧学院	7

①　参见王玉闯、常晓晶《民主改革 60 年来西藏高校体育发展研究》，载《忻州师范学院学报》2020 年第 5 期，第 6 页。

续表 3 - 2

学校	体育教师人数/人
拉萨师范高等专科学校	24
西藏警官高等专科学校	4
西藏职业技术学院	14
合计	111

调研还发现，虽然西藏高校大多都有塑胶田径场、足球场、篮球场，但还是有部分学校没有塑胶场地，不利于教学的有效开展，也因为缺乏或没有场地，多数学校难以开设一些体育运动项目（如网球）。据统计，西藏高校仅西藏民族大学有 5 块场地（新校区 3 块，老校区 2 块），西藏农牧学院有 1 块场地，并开设了网球课。室内场馆则更加匮乏，很难满足教学需求，激发学生的运动兴趣。例如，西藏高校目前还没有游泳馆，这对很多想学习游泳的西藏高校大学生来说无疑是一种阻力。

（五）其他因素对体质健康的影响

高原环境是复杂多变的，很多因素会影响世居人群的体育锻炼、体质健康等，如风速、气温、气压、空气湿度以及空气中的 SO_2、NO_2 等。[1] 但是，除客观的自然环境外，影响人群体质健康的因素还有很多。首先，随着西藏的经济高速发展，手机成为绝大多数大学生的必备工具，但同时手机也占用了本该进行体育锻炼的时间。对手机、电脑的依赖引起的焦虑、抑郁等情绪也影响了西藏高校大学生进行体育锻炼的积极主动性。其次，吴琦（2013）的研究发现，影响藏族学生体质的因素有四个方面：一是恶劣的地理、气候环境因素，二是单一的饮食结构，三是缺乏科学的生活、卫生习惯，四是缺乏系统科学的运动锻炼。[2] 城乡和农牧区不同的社会环境、生活条件和营养水平引起的藏族学生生长发育、生理功能差异，造成了藏族学生的体质相对落后于全国其他地区。谢建军（2013）对甘南藏族学生的体质研究发现，高寒缺氧的气候、特殊的饮食结构和方法、独

---

[1]　参见高继科、田国祥、赵富学等《环境学理论视野下甘肃藏区高原群众体育锻炼研究》，载《成都体育学院学报》2015 年第 6 期，第 28 - 33 页。

[2]　参见吴琦《民族地区青少年体质健康状况分析：以阿坝州红原县藏文中学为例》，载《民族论坛》2013 年第 10 期，第 10 页。

特的劳动和生活方式促进了藏族学生的力量素质发展（腰腹力量较弱），但是其柔韧性、协调性、心肺耐力和速度素质较差。①

综上所述，客观自然环境对世居高原的藏族学生的健康造成了一定的影响，这是人们很难改变的事实。但是，随着社会的发展、经济水平的提高，生活在高原的学生应尽量根据高原特殊地理环境、气候、海拔等客观特点，科学选择时机进行有氧体育健身运动，这也是对健康和美好生活追求的有益尝试。

三、高原藏族学生体质健康发展的纾困路径

（一）加强体质健康的宣传教育

大学生正处于世界观、价值观和人生观确立与发展的关键期②，相关部门应加强正确的引导，培养健康全面发展的人。WHO 早在 1949 年就提出："健康是指身体、心理和社会各方面都完美的状态，而不是没有疾病和虚弱。"国内也有类似观点，如"健全人格首在体育""德智皆寄予体，无体则无德智"等。可见，体质健康非常重要。然而，笔者在调研、实践的过程中发现，有不少大学生对体质健康测试不够重视，原因是"大多数学生认为，跑得快、跳得远、做得多只是徒费力气，没什么实质意义，测试成绩的好坏并不影响毕业"。可见，大学生并未真正认识到体质健康的价值和意义，这也反映了体质健康的教育宣传力度还不够，并且缺乏相关的督促机制。清华大学规定所有学生必须体质健康达标才能毕业，并在毕业时发放学位证、毕业证、体质健康合格证。对此，相关教育、职能部门等可以借鉴这一优秀经验，并结合西藏高校大学生体质现状，加强激励措施、完善评价机制、深化宣传教育等工作。

（二）扩充师资、优化场地设施配备

《中华人民共和国体育法（2022 年修订）》第三十一条明确规定："学校应当按照国家有关规定，配足合格的体育教师，保障体育教师享受与其他学科教师同等待遇。"第三十二条明确规定："学校应当按照国家有关标

---

① 参见谢建军《浅析影响甘南藏区民族学校体育的发展因素》，载《当代体育科技》2013年第 4 期，第 2 页。

② 参见赵国详、单格妍、李永鑫《河南省大学生在新冠肺炎流行期间心理援助需求的调查研究》，载《河南师范大学学报（哲学社会科学版）》2020 年第 3 期，第 2 页。

准配置体育场地、设施和器材，并定期进行检查、维护，适时予以更新。学校体育场地必须保障体育活动需要，不得随意占用或者挪作他用。"①然而，笔者在调研与梳理文献的过程中发现，西藏高校的体育师资缺口较大，体育场地、设施缺乏，不利于高质量体育教学工作的开展，在一定程度上影响了学生的体质健康发展。鉴于此，西藏高校等相关部门可以从以下几个方面着手促进学生体质健康：①借《健康中国行动（2019—2030年）》等政策文件精神之东风，向有关部门申请新进体育教师人员指标，扩充体育教师编制数量，提高留住人才的优惠力度等。②聘请校内外有体育特长的人员进行体育教学，引导、组织大学生进行课内外体育活动、比赛。③建立适合西藏区情、西藏高校校情的高校体育教师队伍构建模式、人才引进机制。② ④加大体育场馆的建设力度，同时提高现有场馆的利用率。③ 一是要根据教学需求加大新的场馆建设，尽量减少一馆多用。二是充分利用现有场馆，尤其在课后、节假日，要增加场馆的开放率，让大学生有场地进行体育锻炼。

（三）根据高原客观环境，适时、科学参与有氧健身运动

西藏地区占地面积约 122.8 万平方公里④，平均海拔约 4000 米⑤。但是，截至 2012 年，西藏常驻人口仅 300 余万⑥，这片广袤的高原上的常驻人口每平方公里不足 4 人。恶劣的自然环境是西藏人口稀少的一大因素，也对藏族群众（尤其是青少年）的健康造成很大的影响。

体育锻炼对人的健康水平有促进作用，但应该注意锻炼时间、运动强度。樊蓉芸（2009）的研究发现，高原地区进行体育锻炼的人数在逐渐增

---

① 参见《中华人民共和国体育法》，见人民网（http://www.npc.gov.cn/npc/c30834/202206/ad515e98ae274b1cd2c02687db07f.shtml），最后访问日期：2023 年 6 月 15 日。

② 参见王玉闯、常晓晶《民主改革 60 年来西藏高校体育发展研究》，载《忻州师范学院学报》2020 年第 5 期，第 6 页。

③ 参见杨建鹏、尼玛欧珠《西藏高校体育教学的现状与发展研究》，载《内江科技》2009年第 9 期，第 9 页。

④ 参见王娜《西藏藏族人口相关数据分析研究》，社会科学文献出版社 2015 年版。

⑤ 参见朱立平、郑度编著《西部地标·青藏高原》，上海科学技术文献出版社 2009 年版。

⑥ 参见西藏自治区第六次全国人口普查领导小组编《西藏自治区 2010 年人口普查资料》，中国统计出版社 2012 年版。

加，但是锻炼频次和时间却呈下降趋势。[①] 原因在于西藏海拔高、低氧，不同年龄段的人在高原的摄氧能力有差异。从健康的角度来说，要注意避免高强度、大负荷剧烈运动，尤其是中老年人；同时，在不同季节或一天中的不同时段，西藏的氧含量、紫外线照射强度等自然因素对人的运动能力也会产生较大影响。如强烈的紫外线照射会灼伤暴露的皮肤，破坏皮肤的细胞，这在藏族人群中的体现极为明显，如皮肤出现晒斑、色素沉着且皮肤增厚而形成沟纹。[②] 此外，Greg Atkinson 等（2007）研究发现，"机体生物钟"调控着个体的体力，如心率、血压、视觉等的敏感性以及各种酶的活性，并且认为下午 4 点到晚上 7 点是摄取最大氧量的理想时间，是人体最佳运动时段。[③]

（四）打造家校联动、"小手拉大手"的体育与健康促进模式

西藏农村和农牧区群众接受教育的程度较低，很多人的学历水平低，加上农村和农牧区缺乏专业的体育健身设施，也没有相对专业的健身指导人员，因此，他们参与体育锻炼的积极性不高。综合来看，为了提升西藏地区群众的体质健康水平，有必要借助在校大学生在学校时所接受的体育活动相关知识与经验，以学生带动其父母及周围人群进行体育健身的方式，实现"教者"与"练者"共同健康的目的。

（五）制订高原特色的体质健康评分等级标准

众所周知，《国家学生体质健康标准（2014 年修订）》是一项针对全国绝大多数省市学生体质发展水平所制定的评估标准，也被用于评价高原地区各学段的藏族学生的体质水平。但是，结合实地观察，以及与西藏地区一线体育教师及教育工作者的交流发现，该标准如用于评估平均海拔4000 米左右的藏族学生的体质水平，会导致结果不客观。因为海拔每升高 100 米，大气压下降 5.9 毫米汞柱，氧分压下降 1.2 毫米汞柱（标准气压下，1 个大气压为 760 毫米汞柱，氧分压为 156.5 毫米汞柱）。据报道，

---

① 参见樊蓉芸《高原成年人的体育锻炼行为趋向》，载《中国组织工程研究与临床康复》2009 年第 33 期，第 6 页。

② 参见王德文《高原环境对人体的影响》，载《人民军医》1992 年第 3 期，第 6 – 8 页。

③ Greg A，Damien D. "Relationships between sleep, physical activity and human health", *Physiology Behavior*, 2007 (2), pp. 229 – 235.

拉萨年平均大气压为 489.1 毫米汞柱，氧分压为 101.89 毫米汞柱。可见，拉萨市的氧气要比平原地区少 30% 左右，这样的客观自然环境显然会影响藏族学生的体质指标值。此外，西藏各地区之间的海拔、气温、沙尘以及季节变化等自然环境差异较大。所以，相关部门应结合西藏各地区的实际环境，至少要结合海拔高度引起的氧含量变化特征为藏族学生体质评价制定一套客观的、可操作的、本土化的评分等级标准。

（六）加强西藏学校体育与健康教学质量

笔者通过调研发现，西藏的专职体育师资极其匮乏，原因可能是多方面的，如西藏各级学校因整体师资短缺，有不少体育教师转而教授其他科目，还有不少体育教师因担任了行政职务而无法专心从事本专业教学相关工作。此外，西藏教育信息相对闭塞、教育观念相对落后。因此，要加强学校体育教学质量，最重要的是结合西藏学校体育教学环境及相关的学校体育政策法规，保证学生在体育课堂上的平均运动密度不低于 75%，个体的练习密度不低于 50%，运动时心率达到 140 ～ 160 次/分；同时，根据师资及学生的体育兴趣设置课外体育兴趣班、俱乐部、赛事委员会等，加强课外体育活动与比赛，确保学生每天能有 60 分钟以上的课外体育活动。总体来说，要结合西藏各地区实情开展具有西藏特色的高质量体育教学活动及具有藏族元素的课外体育活动，从而进一步提升藏族学校体育与健康教学质量，最终促进藏族学生体质健康发展。

第四章 新时代高原学校体育借鉴运动教育模式的基本理论

第一节 游戏理论和自我决定理论

一、游戏理论

游戏是一种古老而又极为普遍的人类生存、活动的基本方式①,它是一种自然现象,同时也是一种社会现象。柏拉图、亚里士多德、伽达默尔、胡伊青加等先哲大师都从不同视角对游戏进行过阐释,并形成了诸多理论流派。② 其中,皮亚杰(Piaget)认为,个体的认知活动发动其参与游戏,游戏又反过来加强了参与者的认知活动。③

为了体现体育的游戏本源,西登托普(Siedentop)将运动教育模式(sport education model,SEM)深植于游戏理论,以期在授课过程中,使技能水平相对较低或者是不喜欢甚至是平时根本不进行体育活动的学生受益。④ 在此过程中,游戏既改善了学生的运动能力、技战术水平,又培养了其与人合作、竞争的意识,还帮助学生建立、遵守与应用规则等。从游戏的目的来看,Siedentop关注的是学生游戏的过程而非游戏的结果,更重视让更多的学生积极主动地参与其中,体验体育运动的乐趣。在游戏的过程中,更多的是由学生自主决定角色划分、职责分工。

---

① 参见闫守轩《游戏:本质、意义及其教学论启示》,载《教育理论与实践》2002年第5期,第53-55页。

② 参见张文兰、刘俊生《教育游戏的本质与价值审思》,载《开放教育研究》2007年第5期,第64-68页。

③ 参见闫守轩《游戏:本质、意义及其教学论启示》,载《教育理论与实践》2002年第5期,第53-55页。

④ Siedentop D. "Sport education:a retrospective", *Journal of Teaching in Physical Education*, 2002, 21(4), p.409.

Siedentop 认为，如果游戏形式的运动是社会价值的一部分，那么，社会有责任创造一种正式的途径使人们能够学习运动文化并参与其中。① 这种社会价值的形成，对个体团队意识的培养具有不可替代的作用。Hastie 和 Sinelnikov（2006）采用运动教育模式与传统体育教学模式（traditional sport model，TSM）对来自俄罗斯 2 个班级中的 37 名 6 年级学生进行了为期 18 周的篮球教学实验研究（教学内容包括基本技术学习、游戏比赛和正规的篮球赛），结果发现：在 TSM 中，学生绝大多数时间花在学习篮球基本技术上，这对执教篮球裁判和教练提出了更高的要求；在 SEM 中，学生自主体验不同角色，他们乐于担任教练的角色，而且在此过程中学习了裁判知识，体验并检验了个人对团队的操控能力。② 结果证实：在运动参与中，学生的篮球基本技术得到了提高，也加深了对篮球运动的认识。有学者对澳大利亚 377 名中小学体育教师实施 SEM 的调查结果显示，在学习效果和克服学生间交流不畅方面，SEM 优于 TSM。③

二、自我决定理论

自我决定理论（self-determination theory，SDT）主要是和相关性、能力和自主性有关的理论。虽然有目的、有意识地实施教学会产生较好的效果，而且采用具有更加明确积极性的指导性教学的教师得分更高，但是这种行为是在自我决定理论的驱动下才产生的，是偶然的，并非持久的。因此，学生在运动情境中需要一定的时间才能提高自我决定能力。④

自我决定理论包括自主（autonomy）、能力（competence）、相关性（relatedness）。SDT 主要用于对学生学习兴趣的培养，更重要的是对教师教学能力的培养。⑤ 学校体育的目标是提高学生的运动技能和参加比赛的

① Michael W. "Metzler. instructional models for physical education", *Needham Heights*: *A Person Education Company*, 2000（2），pp. 256 – 275.

② Hastie P A, Sinelnikov O A. "Russian students' participation in and perceptions of a season of sport education", *European Physical Education Review*, 2006, 12（2），pp. 131 – 151.

③ Alexander K, Luckman J. "Australian teachers' perceptions and uses of the sport education curriculum model", *European Physical Education Review*, 2001, 7（3），pp. 243 – 267.

④ Dana P, Grace G K. "A self-determined perspective of the sport education model", *Physical Education and Sport Pedagogy*, 2010, 15（4），pp. 401 – 418.

⑤ Ryan R M, Deci E L. "Self-determination theory and the facilitation of intrinsic motivation, social development, and well-being", *American Psychologist*, 2000, 55, pp. 68 – 78.

能力。为此，教师在学生内部动机的激发过程中起着很重要的作用。

学生参与体育活动的动机、兴趣，与学生在体育活动中的个性或个人主观能动性的发挥相关，从心理学的角度讲，是个体自我动机调控机制对参与运动的态度与兴趣等的作用。Ryan 和 Deci（2000）将动机分为内部动机、外在动机和无动机。①② 内部动机指人们因对活动本身的兴趣驱动而从事某种行为；外在动机由活动的外部结果所引起；无动机指个体对活动不产生任何兴趣，导致个体不参加或停止活动。由于自我整合水平不同，SDT 将外在动机分为外在调节（external regulation）、内摄调节（introjected regulation）、认同调节（identified regulation）和整合调节（integrated regulation）4 类，构成从自主性最弱到较强的连续体。③ 由于源于外在结果及缺少自我决定，外在调节和内摄调节被归为控制型动机（controlled motivation）。由于源于内在结果和具有较多的自我决定，认同调节和整合调节被归为自主型动机（autonomous motivation），例如，"认为参加体育锻炼能获得愉快体验、社会交往等心理益处（认同调节）""认为体育锻炼完全符合个体'生命在于运动'的价值观（整合调节）"。自主型动机不仅能直接促使个体维持持久的体育锻炼，还能对个体的情绪体验、心理健康、内外定向等产生间接而长远的影响。控制型动机虽能激发个体参与体育锻炼，但不能使个体长期坚持体育锻炼。④

SDT 可以科学分析学生在真实比赛情境中担任的角色及其对比赛情境做出的应对措施。Ann MacPhail 等（2004）通过对 5 年级 70 名（9～10 岁）学生进行 SEM 教学实验研究发现，小学生很期望通过合作学习成为团队的一员。⑤

---

① Deci E L, Ryan R M. "The 'what' and 'why' of goal pursuits: human needs and the self-determination of behavior", *Psychological Inquiry*, 2000 (11), pp. 227 – 268.

② Ryan R M, Deci E L. "Self-determination theory and the facilitation of intrinsic motivation, social development, and well-being", *American Psychologist*, 2000 (55), pp. 68 – 78.

③ Ryan R M, Deci E L. "Self-determination theory and the facilitation of intrinsic motivation, social development, and well-being", *American Psychologist*, 2000 (55), pp. 68 – 78.

④ Ryan R M, Williams G C, Patrich H, et al. "Self-determination theory and physical activity: The dynamics of motivation development and wellness", *Hellenic Journal of Psychology*, 2009 (6), pp. 107 – 124.

⑤ Ann M, David K, Gary K. "Sport education: promoting team affiliation through physical education", *Journal of Teaching in Physical Education*, 2004, 23, pp. 106 – 122.

第二节　社会认知理论和人本主义理论

一、社会认知理论

社会认知理论的代表人物班杜拉认为，儿童通过观察他们生活中的重要行为而习得社会行为，如合作、竞争、尊重、关爱等。这些观察以心理表象或其他符号表征的形式存储在儿童大脑中，帮助他们模仿相应的行为。其主要观点有：①个人、环境和行为是相互影响的。如某学生期待他人的善意，这种期待会使他给予他人友好的帮助、微笑等善意的行为，最终他人回馈微笑，这也强化了该学生的最初的善意行为。②知识的获得（学习）与基于知识的可观察的表现（行为表现）是两种不同的过程。学习者能否把习得的行为表现出来，取决于动机、兴趣、外在刺激、需求、生理状况、心理压力等多方面的因素。[①] ③学习分为参与性学习和替代性学习。参与性学习是一种为学习者提供信息和激励，帮助学生建立预期、创造动机和塑造信念的方式。这使学生知道其动作行为是否准确、适宜，还能在动作行为实施准确的前提下得到鼓励，进而激发学习者的学习兴趣和动机。[②]

二、人本主义理论

人本主义理论是20世纪50—60年代，以罗杰斯为代表所提出的注重从人本身出发研究人和他人、自然、社会的教育思潮。该理论是在自我实现理论和以学生为中心的教育思想的影响下发展成熟的。该理论主要从一个全新的角度剖析了"教"和"学"的关系，强调在教学过程中学生的成长，培养学生对外界、他人和物质的认知、情感、态度与价值观。罗杰斯认为，在教学过程中，不光让学生学习知识技能，更重要的是在有意义的实践活动中培养其自主创新和与人合作的能力，把学生培养成健康、全

---

① 参见陈琦、刘儒德《当代教育心理学（第二版）》，北京师范大学出版社2007年版，第146页。

② 参见党林秀《基于学生全面发展的体育教学方式理论与实践研究》（博士学位论文），华东师范大学，2017年。

面发展的人。

随着经济全球化的飞速发展，人才和教育成为世界关注的焦点。因此，如何发展现代化教育，培养具有竞争力和创造精神的人才，成为当今社会一个现实而又紧迫的国家战略性教育问题。

党的十九大报告明确提出"全面贯彻党的教育方针，落实立德树人根本任务，发展素质教育，推进教育公平，培养德智体美全面发展的社会主义建设者和接班人"。《中国教育报》2016 年 9 月 14 日第 1 版刊出，素质教育作为一种具有宏观指导性质的教育思想，主要是相对于应试教育而言的，重在转变教育目标指向，从单纯强调应试、应考转向关注培养全面健康发展的人。核心素养是对素质教育内涵的具体阐述，可以使新时期素质教育目标更加清晰、内涵更加丰富，也更加具有指导性和可操作性。此外，核心素养也是对素质教育过程中存在问题的反思与改进。

将学生培养成具有创新精神和实践能力的全面发展的人是时代的需求。SEM 以游戏理论为指导思想，强调教师指导，学生学习知识技能、自主组织比赛，为学生提供真实的比赛情境，鼓励每位学生积极参与并轮流担任不同角色，既学习知识技能，又加强与同伴的合作，在努力为团队和班级实现成功的过程中体验乐趣。SEM 既尊重学生的身心发育规律和运动比赛的特点，充分考虑"以人为本"的教学目标，同时也关注每位学生运动能力、体能和技战术等方面的个体差异，还兼顾了团队荣誉感的培养。

第三节　建构主义理论和移动学习理论

一、建构主义理论

建构主义理论是瑞士著名的儿童心理学家皮亚杰率先提出的，更强调学习过程而非学习内容，而个体是在自己的个人经验基础上了解客观世界的。因此，我们把生活中各阶段有意义的经验都组织起来就建构了一定的个人与社会知识、技能。[①] 21 世纪以来，建构主义是教育改革的主流理论，尤其是

---

① Williams M, Burden R. *Psychology for language teachers*. Cambridge: Cambridge University Press, p. 21、p. 30、pp. 34 – 35.

在欧美教育发达国家，其促进了教育改革，指导学校体育与健康的成功开展，并取得了一定的成效。建构主义理论认为，知识是一种符号系统，随着人们认知的深入而变革、升华，它不是绝对的真实表征，也不是问题的最终答案。建构主义理论包括三个方面的观点：建构主义的知识观、建构主义的学习观和建构主义的教学模式观。建构主义的三个观点均强调，教学要以学生为主体、教师为主导，即学生在知识学习过程中是主动地对外部信息进行选择、加工与消化，教师则是帮助、引导和激励学生学习，主要完成设计和组织学生"如何学""学什么"等工作。建构主义强调，在整个教学过程中应以学生为中心，教师是组织者、指导者、帮助者和促进者，其在创设情境、协作等学习环境要素时要充分发挥学生的主动性、积极性和首创精神，最终实现学生对当前所学知识的意义的建构。[①]

因此，建构主义学习理论下的 SEM 是以"学生发展为中心"的发现式与探索式的学习模式。在 SEM 中，学生可以在自主创设的比赛情境中充分发挥自主学习能力，不仅上场比赛的同学能够体验到成功与乐趣，在场下的同学同样可以在担任相应角色（如拉拉队、记录员、后勤、裁判、记分员、比赛解说员等）的过程中体验乐趣，并通过同学们的努力共同达成班级体的共同目标。

二、移动学习理论

移动学习理论是指学习者在任何时间、任何地点，借助移动学习设备和网络信息技术获取相关资源，并与人交流实现个人和社会知识建构的过程。[②] 该理论着重强调人在整个教育过程中的重要意义，其次才是学习的重要性。而 SEM 主张团队合作、学生自主组织比赛并在参与的过程中发现问题、分析问题和解决问题，促进团队的发展与成功。因此，结合移动学习理论和 SEM，教师不仅要关注学生的积极参与情况，更要按照我国《体育与健康课程标准》强调的注重个体差异，引导学生个体的健康成长、全面发展。同时，借助互联网技术的即时传播功能，提升家长和教师对体育锻炼的认知水平。

---

① 参见呼亚玲《建构主义理论对高职英语教学的启示》，载《教育与职业》2011 年第 2 期，第 110 –111 页。

② 参见王建华、李晶、张珑编著《移动学习理论与实践》，科学出版社 2009 年版。

第四节 行为改变理论和重叠影响理论

一、行为改变理论

行为改变理论是在综合多种理论的基础上，系统地研究个体行为改变的跨理论研究模型（transtheoretical model）。[1] 该理论认为个体的行为变化是一个持续的过程，重点是引起个体行为改变的决策能力。[2] 行为改变理论描述了人们改变一个不良行为和获得一个积极行为的过程呈现出了多元化的水平：①个体：个人的知识、态度、信念和个性；②人际关系：家庭、朋友、同伴；③社会：社会网络、标准、规范；④制度：准则、政策、非正式结构；⑤公共政策：国家及地区的健康实践活动相关的政策。行为改变理论认为人的健康行为改变过程（图4-1）主要分为：①意向前期（precontemplation）：没有意图改变自己的健康行为；②意向期（contemplation）：考虑改变自己的健康行为；③准备期（preparation）：为自己的健康做一些小的行为改变；④行动期（action）：积极行动起来，拥有新的健康行为；⑤维持期（maintenance）：能够维持这些健康行为的改变。根据健康行为改变理论，个体在最初往往意识不到自己的不健康行为，需要外界提供更多有益的信息和方法帮助他们认识与改变不健康的行为。在个体行为改变的过程中，需要外界长时间地对其进行干预和反馈，并提供环境的支持。个体行为改变的初始阶段较难坚持，甚至会回到前期的不健康行为阶段。因此，外界需要给个体提供正确、可操作的引导和支持，并持续地进行监测和反馈，以帮助个体形成健康行为习惯。

---

[1] Gina M W. "Health behavior and health education: theory, research, and practice", *Annals of Epidemiology*, 1997, 7 (6), pp. 425 – 426.

[2] 参见尹博《健康行为改变的跨理论模型》，载《中国心理卫生杂志》2008年第3期，第6页。

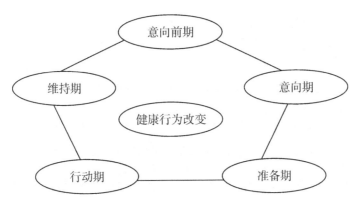

图 4-1 健康行为改变的过程

二、重叠影响理论

20 世纪 80 年代，美国著名学者爱普斯顿（Epstein）与其同事提出了"多重环境影响"理论假设。[①] 该理论提出，学校、家庭和社区对孩子的健康成长有着相互重叠的影响，并以此作为学校与家庭伙伴关系的理论基础。爱普斯顿在重叠影响理论的指引下，收集归纳了 6 种学校协助家庭和社区与家庭合作的路径与框架模式，从而发展出以"关怀"为主题的实践模式[②]，即亲子教育（parenting）、加强与家长的沟通交流（communicating）、组织家长志愿服务（volunteering）、家庭学习（learning at home）、家长参与学校决策制定（decision making）和加强与社区的合作（collaborating with community）。

爱普斯顿在其重叠影响理论中，详细地描述了学校、家庭和社区合作对学生学习成绩与身体健康方面的影响，当学校、家庭和社区合作计划符合学校有关学生成功目标达成方面的时候，那么该合作计划就有利于提高学生的学习成绩和身体素质。[③] 该理论具有一些促进学生发展的特点：

---

① Epstein J L, Sanders M, Simon B, et al. *The Epstein Framework of Six Types of School*, *Family and Community Partnerships: Your Handbook for Action*, *Second Edition*. Thousand Oaks, CA: Corwin Press.

② Epstein J L. "School/family/community partnerships: Caring for the children we share", *Phi Delta Kappan*, 1995, 76 (9), pp. 701 – 712.

③ Sheldon S B. "LinKing school-family-community partnerships in urban elementary schools to student achievement on state tests", *Urban Reviews*, 2003, 35 (2), pp. 149 – 165.

①强调家庭、学校与社区对学生的独特影响力；②改变了人们对于家庭、学校与社区影响孩子发展次序的理解；③发展了科尔曼的"社会资本"的概念；④将学生置于重叠影响理论的中心。①

可见，该理论以"学生发展为中心"，强调家庭、学校、社区的合力作用，呼吁各界共同关注孩子健康成长。

第五节　情景学习、团队学习和社会学习理论

一、情景学习理论

学者 Lave 和 Wenger 于 1991 年曾指出，学习实质上是一个文化适应与获得特定的实践共同体成员身份的过程。运动教育课程模式则是以竞赛为手段，以赛季的形式，要求所有学生以不同角色，基于团队基础，置身于丰富、真实的运动比赛情境中，以实现共同取胜为目的而团结协作，体会参与比赛活动的成功与失败感的课程模式。

二、团队学习理论

有研究指出，固定的小团队学习有助于学生学习效果的提升、学习成绩的提高。② 1994 年，Cohen 关于小团队学习的相关研究发现，稳定和谐的小团队能够产生高效的学习效果。团队学习理论是运动教育模式的核心理论，在整个赛季中，团队成员的关系从运动季开始一直持续到赛季的最后一节课，运动教育模式当中的小团队内部的成员之间具有非常稳定的团队关系。团队学习理论有助于指导运动教育模式的开展；有助于团队文化建立、团队成员的技能学习与运动成绩提高，在理论上具有一定的先进性。

---

① 参见杨启光《重叠影响阈：美国学校与家庭伙伴关系的一种理论解释框架》，载《外国教育研究》2006 年第 2 期，第 76 – 80 页。

② 参见刘海军、刘刚、裴钢辉《基于素质教育导向的高校体育教学方法、模式改革理论与实践》，中国纺织出版社 2019 年版，第 201 页。

三、社会学习理论

人在社会中大致体现三重环境属性，即人的世界（社会）—非人的世界（自然界）—身体的世界（人本身）。社会学习理论认为人类的学习是一个与环境和其他人相互影响、相互联系、不可分割的过程。1977 年，心理学家阿尔伯特·班杜拉（Albert Bandura）就提出，人的学习是通过模仿他人、倾听他人、与他人交流获取知识与经验而实现的，他人的影响至关重要，这是以行为学为理论基础的观点。运动教育模式的一个非常显著的特征就是学生在运动学习过程中必定会从其他成员那里直接或间接的得到指导，在这个过程中，学生的能力得到了提高。

第五章　新时代高原学校体育借鉴运动教育模式的理论研究

第一节　运动教育模式的内涵与应用

一、核心概念

1. 概念

运动教育模式（sport education model，SEM）是以游戏理论为指导思想，以赛季为教学单元，以比赛为主线，以教师直接指导、合作学习等为学习方式，以固定分组、角色扮演为组织形式，为不同运动水平的学生提供真实、丰富的运动体验情景（如比赛)[①]，以培养有运动能力（competent）、懂体育文化（literate）和热衷于体育运动（enthusiastic）的人为目标的课程模式。

2. 起源与发展

西登托普（Siedentop）教授在长期观察美国传统学校体育后发现，教师孤立地进行运动技术教学，体育所蕴含的真谛似乎被完全"淹没"了。[②]为了改善此局面，1968 年 Siedentop 在其博士论文《学校体育中的课程理论》（*A curriculum theory for physical education in schools*）中首次提到运动教育模式，即学校体育需要借鉴体育竞赛来诠释体育的意义和潜能，

---

① Siedentop D. *Sport education*：*quality P. E. through positive sport experiences*. Champaign, IL：Human Kinetics，1994，p. 5.

② Siedentop D. *Sport education*：*quality P. E. through positive sport experiences*. Champaign, IL：Human Kinetics，1994，p. 15.

学生们可以在比赛中吸纳体育的精髓、体验快乐。① 1982 年，Siedentop 在澳大利亚布里斯班联邦会议上提出了以活动为本位的 SEM 理论并建立了实践应用框架②，随后 SEM 在澳大利亚、新西兰等国试验推行。其中，澳大利亚将 SEM 作为初中高年级学生体育教学的理想选择③，让学生在真实、丰富的体育比赛中体验不同运动角色，以培养其体能、技战术掌握与应用能力、责任心、合作意识和个人与社会发展能力。随着 SEM 影响力的提升，其逐渐在英国、美国、新西兰、澳大利亚、俄罗斯、韩国以及我国的香港、台湾等一些教育发达国家和地区得到推广。

应北京师范大学之邀，Siedentop 教授于 2004 年 10 月 11 日至 17 日到我国讲学，之后 SEM 受到我国学校体育与健康课程及教学改革领域相关人士关注。

3. SEM 的特点及构成

Siedentop（1994）认为 SEM 有 6 个特点：①以比赛季为单元；②学生能迅速成为团队中的一员；③有完整的比赛时间表；④有主要的运动项目；⑤比赛的记录能保存和出版；⑥以团队胜利为核心。SEM 的组成要素（图 5 - 1）包括：①赛季；②团队归属；③记录；④正式比赛；⑤季后赛与庆祝活动。④

SEM 的目标是在比赛过程中，体育教师给学生提供运动指导，并逐渐将课堂组织权交给学生⑤，帮助学生积极参与，适当地发展知识、技术⑥，成为有运动能力、懂体育文化和热衷于体育运动的人。为此，有人将这 3个目标转化为了 10 个教学任务：①发展运动项目的具体技能和体能；②学会欣赏并能够执行具体的比赛战术和策略；③参加适合学生自己身心

---

① Siedentop D. "Sport education：A Retrospective", *Journal of Teaching in Physical Education*, 1968，（2），pp. 409 – 418.

② Ann E J, Lind L B, Catherine D. Ennis. *The Curriculum process in Physical Education*. Wm. C. Brown Communications，1995.

③ Antonio C L, Peter A H, Diego M. "Learning to Teach Sport Education：Initial Experience in Elementary Education", *Recepción：abril · Aceptación：Octubre*，2010，pp. 169 – 180.

④ Siedentop D. *Sport education：quality P. E. through positive sport experiences*，Champaign, IL：Human Kinetics，1994，p. 5.

⑤ Stillwell J L, Willgoose C E. *The physical education curriculum*. Long Grove：Waveland Press，2006.

⑥ Kulinna P. "Models for curriculum and pedagogy in elementary school physical education", *Elementary School Journal*，2008，108（3），pp. 219 – 227.

发展规律的体育运动；④分享体育运动的规划和管理；⑤培养相应的领导能力；⑥通过有效团队合作达到共同目标；⑦欣赏那些赋予运动独特意义的礼仪和习俗；⑧培养学生对体育运动中所发生的社会问题做出理智决定的能力；⑨学习和应用裁判、仲裁和训练的知识；⑩培养学生在课后和校外也能够参与竞技运动，进行身体活动。①

图 5-1　SEM 构成要素

当前，SEM 与我国传统体育教学模式理论的效果与实证研究已相对成熟，但体育课中 SEM 与学生能力、运动参与、体育学习兴趣的关系及本土化 SEM 构建等研究较少。而且，SEM 是在欧美教育背景下构建的一种课程与教学模式，仅对其进行碎片化的"移植"，其评价体系、文化内涵并不能完全融入我国学校体育与健康教学中。所以，本章将借鉴美国 SEM 的成功经验，结合我国学校体育与健康课程改革与发展要求、学校体育与健康教学情况等，剖析 SEM 与我国学校体育与健康课程的适配性，及其对我国学校体育与健康课程的综合影响，从而构建出本土化的 SEM，并引入现代信息技术以提升我国学校教学质量，推动我国学校体育与健康课程改革，培养有运动能力、懂体育文化、热衷于体育运动的学生。

---

① Michael Metzler. *Instructional model for physical education-3rd*. London：Taylor & Francis Group，2011.

Sidentop、Hastie 和 Mars（2004）认为，运动教育作为一门课程的目的主要是帮助学生成为有运动技能、懂专项体育文化的成功体育参与者。在运动教育模式中，学生的主要职责是积极地参与运动。体育教师的主要职责是给学生提供运动指导，并逐渐将课堂放权给学生（Stillwell & Willgoose，2006）。为了能够有效实施这个模式，教师在教学设计和组织实施时需要充分考虑运动教育模式的 6 个特点。然而，需要注意的是，运动教育不是直接模拟制度化的运动（Siedentop，1998）。

运动教育和实际运动有三点不同：①参与要求。运动教育期望每个人都能参与季前赛、正式比赛、季后赛。②适当性的发展。运动教育发生在赛季的准备阶段。例如，需要进行小团队建设，根据参与者的年龄和之前的参与经历调整场地、设备、规章制度。③角色体验。每个人在团队、赛季和季后赛的时候都可以根据自身特点选择不同的角色，体验不同角色。角色的数量取决于师生设计的创新性。该模式的成功取决于某些教学特征，而且教师对时间、班级和活动的组织管理也很重要。好的教师不仅教学水平高，同时也会给学生很多时间学习如何进行组织管理（Siedentop，1991）。

总之，运动教育模式试图给学生提供尽可能多的适当的发展途径、真实的体验。这种模式的好处是在赛季中，无论是正式比赛前还是季后赛，所有的学生都会参与教学过程，而且学生都成为团队的一员。Hastie（1996）提出，运动教育这样的课程模式可以使学生产生运动参与兴趣与激情，而在常规的体育教学中通常不会出现。

二、运动教育模式的国际应用

运动教育作为教学模式与一门课程，可以为参与学校体育的学生提供真实的、具有教育意义的、丰富的运动体验（Siedentop，1994）。运动教育模式以比赛为中心，因为学生所学知识、技术等一切均是在适当的比赛实践过程中进行应用的（Kulinna，2008）。该模式的目标、过程和评估不同于传统体育教学模式，其目标是培养有运动能力、懂体育文化和热衷于体育运动的人；传统体育教学模式则注重运动技术、规章制度的传授。

1. 相关研究结果

很多研究指出，运动教育模式对参与教学的教师和学生的行为均产生了积极的影响（表 5-1）。

表 5 - 1　关于运动教育模式研究的重要结果

调查类别	研究结果
直接指导增加自由性	教师不再是指挥者时，教学能够更好地满足学生个性需求、评估学生角色完成情况，或者强调其他课程目标，如通过减少缺乏竞赛特征的比赛促进学生养成积极的社会行为（Hastie，1998）
同龄教学	比起教师指导，学生更喜欢"学生教练"（Carlson & Hastie，1997；Hastie，1996a）
学生的兴趣和参与度	Ormond、DeMarco、Smith 和 Fischer（1995）比较传统教育模式和运动教育模式发现，运动教育模式更倾向于在球类教学赛季中加强攻守战术能力的培养
学生行为	减少了学生间的消极评论，对同伴表现的赞扬程度提高了（Hastie，1998）
运动技能水平低的学生和不喜欢参与运动的学生	大量研究表明，运动教育模式对运动技能水平低、平时不参与运动，甚至是对有运动参与困难的学生从事运动有着积极的作用（Carlson，1995；Hastie，1998b）

总之，运动教育模式的优势在这些研究中得到了较好的证实，强调"以学生为中心"对促进学生积极参与体育运动有积极的作用，如运动教育模式可以促进学生个人与社会发展。尽管由学生组织的课堂教学存在一些问题，但是此模式对学生责任心、合作能力等的培养具有一定的促进作用。通过文献梳理发现，当前这些研究项目大多数是由高校有经验的教授以及全日制或者在职博士主持的。

2. 职前教师应用运动教育模式情况

职前教师是应用运动教育模式受益最大的群体。Jenkins（2004）阐述了职前教师在体育教师教育计划的整个过程中学习运动教育课程模式的关键特征。Glotova（2011）认为，仅讨论运动教育模式是不够的，作为职前教师的学生在习得运动教育模式的知识以后，还要在特定班级实践。在真实的教学实践中应用运动教育模式将会帮助学生从传统教学向运动教育模式教学过渡，而且教师应用运动教育模式可以提高体育课教学质量。

Smith 和 Sofo（2004）指出，运动教育模式对职前教师更有吸引力，因为其与教师职业社会化的兼容性、文化与结构优势相关。将运动教育模式与传统高质量的教学模式和传统低质量教学模式进行对比也很重要。另外，运动教育模式与在校学生有很强的文化相关性，因为运动教育模式能使学生积极参与真实的体育活动。

Hastie、Smith 和 Kinchin（2005）也提出，体育教师教育计划对应用运动教育模式的初学者是有影响的。他们还指出，学校为职前教师提供了很多专业领域的运动教育模式实践机会，这与体育教师教育计划的实践很相似。

Stran 和 Smith（2009）对 2 名职前体育教师的在学生时期的讲解教学进行了测试，进一步研究表明：学生讲解和组织运动教育模式与体育教师教育计划中高质量的运动教育为以教学为中心和以职前教师为中心的模式提供了保障。研究者认为，决定运动教育模式成功的关键因素对这种保障提供了可靠的依据。正式教学之前的微型教学对职前教师的教学很有帮助。

McMahon、MacPhail（2007），McCaughtly（2004）等和 Smith（2004）也认为，职前教师在体育教师教育计划阶段经历运动教育模式是很有益处的，他们在运动教育实践教学中将会无意识地避免很多误解和教学困难。

此外，McCaughtry 等（2004）和 Pope 等（1998）所做的研究均指出，职前教师在学习运动教育模式时存在很多问题。McCaughtry 等（2004）对职前教师应用运动教育模式时所面临的三个方面的困惑（实习教师对运动教育模式下战术指导注意点的困惑；对运动教育模式基本特征的不了解；运动教育模式单元教学中发展技术时的角色误解）进行了测验。Pope 和 Sullivan（1998），发现在学习运动教育模式时，教学的时间也很重要，是运动教育模式学习的基本条件。

职前教师学习和应用运动教育模式的机制并不一定相同，而且运动教育模式并不一定适合于所有的课程。因此，当我们认可常规课程模式的价值时，也有必要研究与课程直接相关的特殊教学方法（McMahon & MacPhail，2007）。

3. 运动教育模式的国际应用情况

目前，运动教育模式盛行于美国、英国、韩国、澳大利亚和新西兰等国。

　　Grant（1992）发现，在新西兰，随着学生参与运动教育兴趣的提高，教师更加提倡采用运动教育模式进行教学。在澳大利亚，Alexander 等（1993）和 Carlson 等（1997）提供了学生积极参与该模式的例子。不过，Penney 等学者（2005）在英国学校的研究表明，学生希望在学习时承担更大的责任，并且帮助其他同学。

　　韩国学者也进行了关于运动教育教学的研究。如 Kang 等（2000）通过应用一学期的运动教育教学模式探索教育教学问题。Kim 等（2004）详细分析了运动教育模式发展应用案例。Kim 等（2006）还进行了定性研究，认为在运动教育教学过程中，教师是学生新角色和疏通教育关系的"帮助者"。

　　Hastie 和 Sinelnikov（2006）对俄罗斯学生参与篮球运动教育情况及其认知进行了研究，结果发现，从最初的技术练习、比赛练习到正式比赛，在整节课的大部分时间，不管男生还是女生，都积极学习动作技术，这与西方国家运动教育的研究结果相似。俄罗斯学生喜欢参与运动，他们参与运动的内在动机增加，而无动机或者是零动机水平下降（Sinelnikov、Hastie& Prusak，2007）。Hastie 等（2008）对俄罗斯学生按照运动教育基本特征参与羽毛球运动时的技能发展和战术知识掌握情况进行了测试，结果表明，运动教育的赛季形式给学生提供了实践机会，而且真实、丰富的比赛帮助大部分学生（除技术水平很低的学生）提高了技战术决策与实施水平。

第二节　运动教育模式在国内外体育教学的应用效果研究

　　经梳理国内外运动教育模式研究成果，笔者发现目前研究主要集中于分析动机氛围、运动教育模式的积极影响，以及描述有经验的教师、新手教师和职前教师如何进行运动教育教学。鉴于此，笔者就运动教育模式的关键特征和研究结果进行讨论。

一、国内运动教育模式教学的应用效果

（一）数据来源

笔者借助华东师范大学图书馆中国知网数据库和国家哲学社会科学学术数据库，以"运动教育模式"为关键词搜索了 SCI、EI、CSSCI 和 CSCD 等来源期刊的文献，共搜索到 32 篇文献，检索时间跨度是 1995 年到 2019 年 1 月 19 日。剔除和本研究主题不相关的 4 篇文献，以剩余的 28 篇文献作为研究对象。

（二）数据分析与方法

本研究借助 CiteSpace 5.3.R2 文献计量可视化分析软件，通过分析国内关于 SEM 的相关文献关键词共现、聚类分析等方法，梳理了我国近 25 年 SEM 的应用情况，以探讨 SEM 对我国学校体育教学改革与发展的借鉴和启示，及其在国内的发展态势等。研究发展脉络主要通过高频词、高中心值的关键词融合情况确定。领域研究热点主要通过 CiteSpaceV 软件中的关键词聚类的时间线图判定。关键词是对文献内容的高度凝练，在一定程度上代表着学术思想和理念。频次和中心值高的关键词一般都是某段时间内学界关注的焦点，代表着研究的前沿与热点。[1] 中介中心性（betweenness centrality），简称中心性，是测量节点中的一个重要指标，旨在反映文献间知识流动规律，是 CiteSpace 中用来发现和评估文献重要性的常用指标。[2] 中心值（centrality）确切来说是中介中心性的数字呈现，或者是对以上指标重要性的进一步量化。[3]

（三）国内 SEM 应用研究现状

1. 文献发表数量分布特征

文献的逐年发表数量在一定程度上间接反映了某领域的研究水平和发

---

① 参见侯剑华《基于引文出版年光谱的引文分析理论历史根源探测》，载《情报学报》2017 年第 2 期，第 132－140 页。

② Chen C M. "CiteSpace II: Detecting and visualizing emerging trends and transient patterns in scientific literature", *Journal of the American Society for Information Science and Technology*, 2006, 57 (3), pp.359－377.

③ 参见张健、孙辉、张建华等《国际儿童青少年身体活动研究的学科特征、动态演进与前沿热点解析》，载《体育科学》2018 年第 12 期，第 68－80 页。

展趋势。[①] 1968 年西登托普（Sidentop）在其博士论文中首次提出 SEM 概念，1995 年我国第一篇关于 SEM 的学术文章出现在国内学术期刊上。

从图 5-2 可见，2013 年，SEM 相关研究论文数量出现峰值，年发文量最高 8 篇。而 2011 年和 2014 年发文数量最低，每年 1 篇。1995—2018 年发文数量变化趋总体呈现冰山状。

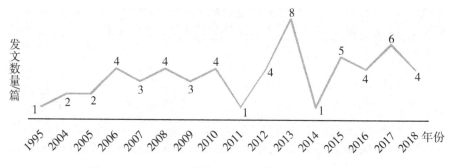

图 5-2　1995—2018 年中国 SEM 相关文献发表情况

2. 研究的热点分析

笔者以"运动教育模式"为关键词，将检索到的 28 篇论文的研究热点进行聚类分析后发现，高频次关键词分别是"运动教育模式""学校体育""健美操""传统体育教学模式"（表 5-2）。其中，只有"运动教育模式"的中心值高于 0.1（CiteSpace 可视化指标的中心值大于 0.1，则其对该领域的贡献度较高[②]），这说明其在该领域具有较高的价值。

表 5　2　中国 SEM 研究关键词频次与中心值一览

序号	关键词		
	名称	频次	中心值
1	运动教育模式	30	0.73

---

① 参见戴圣婷、杨剑、季浏等《中国锻炼心理学研究演进的可视化分析》，载《武汉体育学院学报》2018 年第 7 期，第 75-81 页。

② Chen C M. "CiteSpace II: Detecting and visualizing emerging trends and transient patterns in scientific literature", *Journal of the American Society for Information Science and Technology*, 2006 (3), pp. 359-377.

续表 5 - 2

序号	关键词		
	名称	频次	中心值
2	学校体育	3	0
3	健美操	2	0
4	传统体育教学模式	2	0

3. SEM 的内涵研究

Siedentop 提出，SEM 的目的是以游戏理论和游戏教育为理论指导，在教学过程中引导学生在真实的运动环境（根据学生运动水平设置的比赛）承担不同的角色，体验运动的乐趣和成功，达到团队胜利，培养学生的合作竞争意识与能力。从当代学校体育的现实需求和发展趋势及社会和民众对体育与健康课程的认识来看，竞技运动将会越来越多地进入学校体育，这是不以人的意志为转移的历史必然。[1] SEM 则将学校体育的育人特性与现代竞技运动的竞争性很好地有机融合。赵英利（2009）以美国德州大学发展高水平的竞技运动为切入点，探讨美国大学体育教育如何在保持高水平的普及教育的同时，发展出一支具有极高水平的竞技运动团队。[2]

SEM 从"以学生发展为中心"设置教学，促进学生的发展。SEM 以角色设置入手，根据活动需求和人员数量设置不同的角色，使每位学生参与团队运动中。而这需要教师在教学设计和组织实施教学时考虑 SEM 的 6 个特点，并注意运动教育不是直接模拟制度化了的竞技运动[3]，而是根据学生身心发育特点对成人化的竞技运动进行适当调整、改编。对此，教师在实施教学时需要根据任务需求设计角色数量。因此，教师要想高效教学，非但要注重教学推进，还要注重给予学生尽可能多的时间来练习如何

---

① 参见高嵘、杨慈州、张建华等《当代运动教育探讨》，载《北京体育大学学报》2006 年第 7 期，第 969 - 971 页。

② 参见赵英利《美国德州大学体育教育模式探讨：普及教育与竞技运动相辅相成》，载《中国成人教育》2009 年第 17 期，第 95 - 96 页。

③ Siedentop D. "What is sport education and how does it work?", *The Journal of Physical Education, Recreation, and Dance*, 1998, 68 (4), pp. 18 - 21.

有效组织、管理班级活动。[1]

4. SEM 的实证研究

我国学者对 SEM 也进行了一定的实证研究，以分析其在我国的应用效果。其中，高航等（2005）运用 SEM 在国内首次开展了教学实验，结果发现，它在提高学生的运动技术、战术和学习态度方面效果良好。[2] 王焕波（2006）对 75 名公体篮球选项班男生的 SEM 实验对比研究发现，SEM 对调动学生参加体育活动的积极性，提高学生的身体素质、运动技能以及培养学生终身体育的观念、习惯具有良好的效果。[3] 杨慈洲等（2006）对大一学生的 15 次公体篮球课进行了实验研究得出，较传统体育教学模式，SEM 对实验班学生的学习态度、运动参与效果更明显，而且实验班学生在实验前后的差异也非常显著。[4] 吴伟（2008）对 80 名在校大学生的羽毛球选项课进行实验研究得出，运动教育模式教学有利于增强学生学习的积极性和主动性，提高学生学习的兴趣与参与意识；有利于促进学生的个性发展，发挥学生潜力，帮助学生更好地掌握运动技能；有利于增强学生的承受力，提高其心理素质；有利于培养学生的协作精神，增强其社会适应能力。运用运动教育模式对实现普通高校体育课程目标有着积极的作用，对于培养综合性、复合型人才有重要意义。邓蔚林等（2011）对广州市南沙区第一中学高二年级乒乓球选项课的 200 名学生进行了运动教育模式教学的实验研究，结果表明：较对照班，运动教育模式对实验班学生的基本技战术的影响更加显著；对学生的灵敏素质和上肢力量的影响存在差异（$P < 0.05$）；更能激发学生参加体育活动的兴趣，体现学生的主体性，满足学生不同层次的锻炼需求，提高学生体育锻炼的主动性和积极性。[5] 熊强（2012）的研究表明，在体育教育专业实践课程中采用运动

---

① Siedentop D. *Developing teaching skills in physical education* (3rd ed.). Mountain View, CA: Mayfield, 1991.

② 参见高航、章荣江、高嵘《当代运动教育模式》，载《体育科学》2005 年第 6 期，第 69 - 83、86 页。

③ 参见王焕波《"运动教育"模式在高校公体篮球课中的实验研究》，载《山东体育学院学报》2006 年第 4 期，第 120 - 122 页。

④ 参见杨慈洲、代浩然、高嵘《运动教育在高校篮球教学中的应用研究》，载《武汉体育学院学报》2006 年第 12 期，第 106 - 108 页。

⑤ 参见邓蔚林、殷丹《乒乓球选项课引入运动教育模式的实验研究》，载《教育导刊》2011 年第 11 期，第 29 - 32 页。

教育模式对培养学生形成良好学习态度，掌握基本技术技能、理论知识和竞赛、裁判规则知识，提高竞赛组织与裁判能力及教学基本能力等方面有良好促进作用，提高了体育教育专业实践课程的教学效果。① 熊艳等（2015）对普通高校 68 名大学生在 13 节健美操课上的心率变化进行了遥测实验，结果发现，以运动教育模式为普通高校健美操课的教学模式可以有效提高学生的运动时效，从而提高教学效果。② 孙琴等（2017）以北京市 2 所普通高校的 4 个自然班的 228 名在校大一学生为实验对象，进行了为期 4 个月的运动教育模式对学生健美操表现力影响的实验，结果表明，运动教育模式能大大提高学生的健美操学习积极性，调动了课堂气氛，学生在健美操实践能力、表现能力等方面有大幅度提高，且该模式操作简单易行，深受学生欢迎，适合在我国高校普遍开展。③

二、国外运动教育模式教学的应用效果

（一）国外年发文量基本情况

笔者以"sport education model"为主题词，设置检索结果为"article"、语言为"English"、时间跨度为 2000—2018 年，于 2019 年 1 月 20 日（更新时间为 2019 年 1 月 19 日的数据）检索了 Web of Science，共得到 205 篇相关文献。从图 5 - 3 可见，国外关于 SEM 的发文总量总体上是逐年上升的。这说明 SEM 在国外学校体育教学领域的地位和重要性逐渐提升，也在一定程度上折射出国外学校体育课堂教学对学生综合素养培养的重视，而且，SEM 对参与者的影响效果不断被重视。近 10 年，国外关于 SEM 的研究论文发表情况可分为两个时期：维持期（2008—2012 年）和持续突增期（2012—2018 年）。

---

① 参见熊强《体育教育专业实践课程运动教育模式的建构与实验研究》，载《教育学术月刊》2012 年第 12 期，第 51 - 53 页。

② 参见熊艳、马鸿韬、孙琴《"运动教育模式"对学生运动强度的影响》，载《体育学刊》2015 年第 1 期，第 130 - 133 页。

③ 参见孙琴、张力《美国运动教育模式对学生健美操表现力的影响》，载《广州体育学院学报》2017 年第 5 期，第 119 - 121 页。

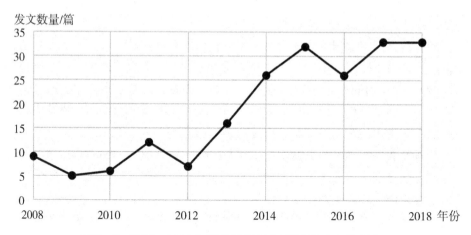

图5-3　2008—2018年国外关于SEM研究的论文发表情况

（二）国外近10年SEM的研究热点问题探析

高频次和高中心值关键词高度凝练、概括了研究领域的主题。[①] 通过
CiteSpaceV运行平台得出的SEM研究关键词共现聚类的时间区线图可知，
"体育""运动""模式""教育""学生""身体活动""实施""活动"
"感知""参与""行为"等大小不一的节点代表着国际SEM研究的前沿
热点和主要动向。根据研究需要，笔者将Java平台上得出的高频次和高中
心值的关键词进行梳理，得出表5-3。我们发现，"体育""运动""模
式""教育"是较高频次的关键词，在一定程度上反映了本领域的研究趋
势与热点。"学生"和"儿童"是本领域重点关注的人群。

表5-3　国外关于SEM研究的高频词及其中心值（Top15）

序号	高突现性关键词及其特征词	频次	中心值
1	physical education（体育）	61	0.12
2	sport（运动）	56	0.31
3	model（模式）	45	0.42
4	education（教育）	25	0.18

---

① 参见张健、孙辉、张建华等《国际儿童青少年身体活动研究的学科特征、动态演进与前
沿热点解析》，载《体育科学》2018年第12期，第68-80页。

续表 5 - 3

序号	高突现性关键词及其特征词	频次	中心值
5	student（学生）	13	0.14
6	physical activity（身体活动）	13	0.11
7	performance（实施）	13	0.04
8	program（活动）	12	0.17
9	perception（感知）	12	0.01
10	participation（参与）	11	0.01
11	behavior（行为）	11	0.32
12	curriculum（课程）	10	0.16
13	children（儿童）	9	0.22
14	knowledge（知识）	9	0.06
15	gender（性别）	8	0.10

三、运动教育模式对参与学生的影响

（一）关于 SEM 促进不同运动水平学生的研究

SEM 推崇以弱化竞赛特征的比赛促进学生的积极社会行为、满足学生个性需求、评估学生角色完成情况等为目标[1]，在教学赛季提升学生综合能力。并且，比起教师直接教学，学生更喜欢同龄学生代替教师教学。[2][3]

Hastie 等人（2008）的研究表明，运动教育赛季可帮助学生意识到尊重比赛、对手、裁判、观众等[4]和减少相互间消极评论的重要性。[5] SEM

---

[1] Siedentop D. "What is sport education and how does it work?", *The Journal of Physical Education, Recreation, and Dance*, 1998, 68（4），pp. 18 - 21.

[2] Carlson T B, Hastie P A. "The student social system within sport education", *Journal of Teaching in Physical Education*, 1997, 16（2），pp. 176 - 195.

[3] Hastie P A. *Teaching sport within physical education. In S. J. Silverman & C. D. Ennis (Eds.), Student learning in physical education: Applying research to enhance instruction*, Champaign, IL: Human Kinetics, 1996.

[4] Hastie P A, Sinelnikov O A. "Teaching sport education to Russian students: an ecological analysis", *European Physical Education Review*, 2008, 14（2），pp. 203 - 222.

[5] Siedentop D. "What is sport education and how does it work?", *The Journal of Physical Education, Recreation, and Dance*, 1998, 68（4），pp. 18 - 21.

给运动技能水平较低而不能上场比赛的学生或者平时不参与运动的学生，甚至有运动参与困难的学生提供了体验真实比赛的机会。[①②] 因此，尽管有些学生会因为不喜欢 SEM 中设置的某些角色而影响其运动参与的积极性，[③④] 但较传统的体育教学模式，SEM 还是激发了学生的运动参与动机，培养了学生的团队合作意识，[⑤] 提高了学生的身体素质、运动技能，强化了终身体育的观念。[⑥] 这对我国学校体育与健康课程教学改革与发展具有较强的理论借鉴和实践参考价值。

SEM 以赛季为中心的教学理念，使学生在运动参与过程中懂得运动、学会合作、更新运动参与观念，尤其是在弱化竞赛特征的比赛中，能够有效激发学生运动参与兴趣、培养学生合作意识、提升学生个人与社会发展能力。

（二）关于学生运动需要与动机的研究

从所查阅的国内文献来看，关于学生运动动机的专门研究很少，因此，如何激发学生的运动兴趣、增强学生的运动参与动机是当前及今后体育教学及科学研究的一个重点。相较于传统的体育教学模式，SEM 可以明显提升学生运动参与的内部动机[⑦]，对学生更有吸引力。[⑧] 有研究表明，即使是平时不愿意参与运动、运动技能水平较低的人在参与 SEM 教学的过程中，与爱运动、运动技能水平高的学生相比，他们的积极性、运动参

① Carlson T B. "Now I think I can: the reaction of eight low-skilled students to sport education", *ACHPER Healthy Lifestyles Journal*, 1995, 42 (4), pp. 6 – 8.

② Hastie P A. "Skills and tactical development during a sport education season", *Research Quarterly for Exercise and Sport*, 1998b, 69 (4), pp. 368 – 379.

③ Alexander K, Luckman J. "Australian teacher's perceptions and uses of the sport education curriculum model", *European Physical Education Review*, 2001, 7 (3), pp. 243 – 267.

④ 参见杨慈洲、代浩然、高嵘《运动教育在高校公体篮球教学中的应用研究》，载《武汉体育学院学报》2006 年第 12 期，第 106 – 108 页。

⑤ 参见张文英《运动教育在高校网球教学中的应用研究》，载《首都师范大学学报（自然科学版）》2009 年第 5 期，第 93 – 96 页。

⑥ 参见王焕波《"运动教育"模式在高校公体篮球课中的实验研究》，载《山东体育学院学报》2006 年度第 4 期，第 120 – 122 页。

⑦ Ricardo C, Luis M G, Jaime S. "Sport education model and self-determination theory: an intervention in secondary school children", *Kinesiology*, 2016, 48 (1), pp. 30 – 38.

⑧ Bmnton J A. "Changing hierarchies of power in physical education using sport education", *European physical Education Review*, 2003 (9), pp. 267 – 284.

与动机并没有什么差异①②，因为学生在参与 SEM 教学过程中，体验到了学习结构化知识技能的乐趣，所以愿意积极参与运动。Hastie 和 Sinelnikov（2006）的研究发现，学生从最初的技术练习、比赛练习到正式比赛，不管男生还是女生，在整节课的大部分时间都积极进行动作技术的学习。③在 SEM 教学过程中，学生积极参与运动，是因为他们参与运动的内在动机增加，而无动机或者是零动机水平下降。④

综上所述，前人的研究证实了 SEM 对学生积极参与运动、体验角色的动机具有积极作用。⑤⑥ 在"立德树人"背景下，SEM 为我国一线体育教师改善学生喜欢体育而不喜欢体育课的常态化现象提供了行动方向与思路。

（三）关于运动激发学生体育学习兴趣的研究

SEM 是以学生为中心的课程与教学模式⑦，主要强调在比赛环境中，由学生轮换角色组织、实施班级教学任务，激发学生积极有效地参与运动，而不是被动地参与教学活动；学生在运动过程中不是以掌握技能或自我展示为单一导向，而是以二者的融合为导向。学生在参与 SEM 教学的过程中体验到了快乐与成功，他们就乐意积极参与并体验角色、完成教学任务。学者的研究表明，在运动情境中担任不同角色（如球员、队长、教练、裁判、记分员、成绩统计员等）的学生都积极完成自己所承担的角色的工作，尤其是那些过去因为个人体能和运动技术水平差而不能上场比赛

---

① Perlman D J. "Change in affect and needs satisfaction for amotivated students within the sport education model", *Journal of Teaching in Physical Education*, 2010, 29 (4), pp. 433 – 445.

② Wallhead T L, Garn A, Vidoni C. "Sport education and social goals in physical education: relationships with enjoyment, relatedness, and leisure-time physical activity", *Physical Education and Sport Pedagogy*, 2013, 18, pp. 427 – 441.

③ Hastie P A, Sinelnikov O A. "Russian students participation in and perceptions of a season of sport education", *European Physical Education Review*, 2006, 12 (92), pp. 131 – 150.

④ Sinelnikov O, Hastie P, Prusak K A. "Situational motivation in a season of sport education", *ICHPER-SD Research Journal*, 2007, 2 (1), pp. 43 – 47.

⑤ Wallhead T L, Garn A, Vidoni C, et al. "Game play participation of amotivated students during sport education", *Journal of Teaching in Physical Education*, 2013, 32 (2), pp. 149 – 165.

⑥ Deci E L, Ryan R M. "The 'what' and 'why' of goal pursuits: Human need and the self-determination of behavior", *Psychological Inquiry*, 2000, 11, pp. 227 – 268.

⑦ Wallhead T, O'Sullivan M. "Sport education: physical education for the new millennium?", *Physical Education and Sport Pedagogy*, 2005, 10 (10), pp. 181 – 210.

的同学表现得更突出。① 同时，学者的研究发现，女生赛季末比赛得分率明显高于赛季初，而且更愿意与男生一起打球。② SEM 作为一种教学实施方法，对学生自我决定能力和运动参与兴趣的培养效果优于传统的常态化教学。③ 即学有余力的学生在完成自己承担的角色的任务后，可以尝试引导、帮助团队中学习有困难的学生努力完成所承担的角色的任务。在此过程中，培养了他们的全局意识，提高了他们帮助他人、包容弱势群体的能力。因此，教师在教学过程中要以学生为中心，从有趣开始，激发学生的运动学习兴趣，满足学生的运动需要，提高学生参与运动的行为积极性，可根据图 5 – 4 进行教学设计。

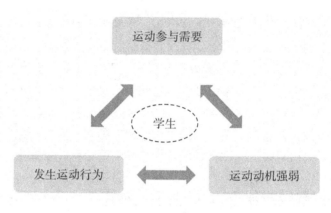

图 5 – 4　运动行为发生机制

（四）关于 SEM 促进学生团队合作的研究

体育的功能决定了健康和文化的活力。体验到运动乐趣的参与者势必会向周围更多的人宣传运动的乐趣，并"说服"他们参与运动。④ SEM 能够培养学生班级归属感，激发学生运动动机，加深其对团队合作的理解，

---

① Peter A H. "Student role involvement during a unit of sport education", *Journal of Teaching in Physical Education*, 1996 (16), pp. 88 – 103.

② Peter A H. "The Participation and Perceptions of Girls Within a Unit of Sport Education", *Journal of Teaching Physical Education*, 1998, 17, pp. 157 – 171.

③ Peter A H, Diego M, Antonio C. "A review of research on Sport Education：2004 to the present", *Physical Education & Sport Pedagogy*, 2011, 16 (2), pp. 103 – 132.

④ Eileen S. "Bringing role models into the physical education curriculum", *Vahperd*, 2006, 9.

促进那些不愿意参与或者远离班级活动的学生参与运动，① 从而改善班级氛围及同伴关系。团队由若干个体组成，只有个体积极参与、尽力做好自己的事，团队才能更强大。Hastie 等（2011）的研究表明，除个别特殊的学生外，其他学生及教师一致认为积极参与团队活动具有正向作用。② Hastie 和 Sinelnikov（2006），Ka L. C. 和 Cruz（2006），Kim 等（2006），Romar 等（2016）的研究均表明，运动教育模式对学生有很大的吸引力，并且其运动参与度明显提高，通过该模式教学，学生的心智和能力都得到了显著提高。

尽管 SEM 能够有效促进学生个人与社会发展能力、改善学生体育学习态度，但是，体育教师在应用 SEM 教学时应注意两点：①对学生竞技运动模式适合性的认知、判断；②对课前准备、课程计划实施和课后评估可能存在的困惑有一定预估。③

（五）关于职前教师教学的研究

相关研究表明，学生的知识、技术掌握程度和展示动机与教师的教学动机呈正相关。④ 职前教师因为没有丰富的教学实践经历，在校期间按照运动教育模式的关键特征进行学习、体验尤为重要。⑤ 职前教师在习得 SEM 的知识以后，还要进行特定的教学实践，在真实的教学情境中学会如何应用 SEM 才会帮助其走出传统教学的束缚，提高课堂教学质量。因此，为提升教学质量，提高学生的运动参与度，教师务必要深化对 SEM 的认知，精选与教学内容相匹配的教学模式。⑥

Stran 和 Smith（2010）的研究表明，应该对那些在校师范生经常进行

---

① Pill S. "A teacher's perceptions of the sport education model as an alternative for upper primary school physical education", *Healthy Lifestyles Journal*, 2008, 55 (2/3), pp. 23–29.

② Peter A H, Diego M, Antonio C. "A review of research on Sport Education: 2004 to the present", *Physical Education & Sport Pedagogy*, 2011, 16 (2), pp. 103–132.

③ Shane P. "A teachers' perceptions of the Sport Education model as an alternative for upper primary school physical education", *ACHPER Healthy Lifestyles Journal*, 2009, 55 (2/3), pp. 23–29.

④ Oleg A S, Peter H. "A motivational analysis of a season of Sport Education", *Physical Education and Sport Pedagogy*, 2010, 15 (1), pp. 55–69.

⑤ Jenkins J M. "Sport education in a PETE program", *Journal of Physical Education*, *Recreation & Dance*, 2004, 75, pp. 31–36.

⑥ Siedentop D. "Sport Education: Quality PE through positive sport experiences", *Journal of Teaching in Physical Education*, 1994.

SEM 培训，并给予其实践机会，使他们对教师职业能够有一个更深入的理解。[①] 而且，职前体育教师越早学习 SEM 相关知识，其对 SEM 的领悟将越深刻。[②] 尽管职前教师在校期间学习 SEM 的时间、机会远多于在职体育教师，尤其是专业发展方面的优势更为明显，但是，职前体育教师毕竟没有教学实践经历，在进行运动教育教学时如何发展战术指导和对技术的纠错能力方面仍是他们日后面临的主要困惑。[③④⑤] 为了毕业后能进行 SEM 教学，职前教师在校期间应认真学习体育教师教育规定课程与实践，而且应在岗前培训的有限时间里，尽快转变角色，领悟教师教育理念，巩固教学知识和经验。[⑥]

（六）关于 SEM 提升学生体育素养研究的综述

运动教育具有鲜明的教育特性，体育教学中有效应用 SEM 可以提升学生的体育素养，促进学生健康、全面发展。但是，Whitehead 等（2012）的研究表明，运动教育不能作为发展终身体育的"万能药"，而应该有效地应用 SEM 发展与体育素养相关的属性。[⑦]

（七）SEM 的本土化研究

学生如何才能学得更好且又快乐呢？根据 Schleicher 的研究结果，教

---

① Stran M, Curtner-Smith. "Impact of different types of knowledge on two preservice teachers' ability to learn and deliver the Sport Education model", *Physical Education & Sport Pedagogy*, 2010, 15 (3), pp. 243 –256.

② Margaret S, Matthew C. "Impact of different types of knowledge on two preservice teachers' ability to learn and deliver the Sport Education model", *Physical Education and Sport Pedagogy*, 2010, 15 (3), pp. 243 –256.

③ McCaughtry N, Sofo S, Rovegno I, et al. "Learning to teach sport education: Misunderstandings, pedagogical difficulties, and resistance", *European Physical Education Review*, 2004, 10 (2), pp. 135 –155.

④ McCaughtry N, Sofo S, Rovegno I, et al. "Learning to teach sport education: Misunderstandings, pedagogical difficulties, and resistance", *European Physical Education Review*, 2004, 10 (2), pp. 135 –155.

⑤ Pope C, Sullivan O. "Culture, pedagogy and teacher change in an urban high school: How would you like your eggs done?", *Sport, Education and Society*, 1998 (3), pp. 201 –236.

⑥ Hastie P A, Curtner-Smith M, Kinchin G D. *Factors influencing beginning teachers delivery of Sport Education*, paper presented at the BERA Annual Conference, Treforest, Pontypridd, UK, 2005 –09, pp. 14 –17.

⑦ Almond L, Whitehead M E. "The value of physical literacy", *Physical Education*, 2012 (7), pp. 61 –63.

师的主导和学生成为主体都非常重要，二者不是非此即彼的关系，而应和谐整合，共同促进学生的学习成长①。《普通高中体育与健康课程标准（2017 年版）》提出，发挥体育的育人特性，对促进学生的健康全面发展至关重要。那么，如何才能构建出适合我国 SEM 教育的本土化模式呢？目前，已有学者发现我国传统体育教育模式有着一定的局限性，便针对不同体育项目构建了诸如"武术课程 SEM 教学""太极拳课程 SEM 教学"及一些球类项目的 SEM 教学模式。此外，李小刚（2017）对美国 SEM 本土化的研究表明，关于 SEM 促进我国学生健康全面发展的实证研究还不多，研究深度与广度还不足以为我国学校体育与健康课程推广应用起到强有力的支撑作用。②

　　SEM 是集教育和竞技为一体的综合课程与教学模式，其之所以能够风靡全球，是因为有其自身优势，而且得到了学者和一线体育教学工作者们的认可。其中，我国学者不仅从理论层面深入了剖析 SEM 的内涵，还进行了一定的教学实验研究，并与我国传统体育教育模式效果进行了不同视角的比较，发现该模式可以较好地提升我国学校体育教学效果。更有学者提出，SEM 本土化应用须坚持"由内而外""融合创生"原则，加强实证研究，以防"食洋不化"③，为我国学校体育与健康课程教育和改革提供了借鉴与参考。但是，SEM 源于美国，中美文化、教育环境等的差异，导致如果将 SEM 直接"移植"入我国，可能会产生一定的问题。此外，我国目前为数不多的关于 SEM 的实证研究更多的局限于几项开放式运动项目。SEM 是否适用于我国的体育教学，仍需扩大样本量做进一步的深入探索。④

四、运动教育模式教学效果的研究总结

　　随着教育改革的推进，教育领域渐渐形成"走出去、引进来"的趋

---

　　①　参见华东师范大学课程与教学研究所《PISA 之父讲座实录 | 数据告诉我们，学校可以办得更好》，载《师资建设（双月刊）》2017 年第 6 期，第 49 - 58 页。

　　②　参见李小刚《美国运动教育模式本土化研究》，载《体育文化导刊》2017 年第 5 期，第 161 - 165 页。

　　③　参见李小刚《美国运动教育模式本土化研究》，载《体育文化导刊》2017 年第 5 期，第 161 - 165 页。

　　④　参见贺伟《运动教育模式的内涵、优势及启示》，载《教学与管理》2013 年第 20 期，第 109 - 121 页。

势。从所查阅文献来看，目前，国内关于 SEM 研究更多的是理论研究，实证研究较少且基本局限于开放式运动项目，实验对象与范围限于某个区域或者学校的部分学生，理论研究则侧重于 SEM 在学校体育课程教育与改革及可行性等方面的研究。笔者经过梳理国外关于 SEM 的研究发现，研究重心从最初的"师生对 SEM 应用的反应研究"逐步过渡到了"如何教学生学习运动教育的关键教学方法及如何学"。[①] 为了能够有效实施 SEM，教师在教学设计和组织实施时需综合考虑 SEM 的 6 个特点，并注意运动教育不是直接模拟制度化了的竞技运动[②]，而是根据学生身心发育特点对成人化的竞技运动进行适当调整、改编。相关的 SEM 的实证研究表明，相较于国内传统体育教学模式，SEM 的优点在于：①更注重改造运动比赛，让学生在角色体验的过程中，有获得成功的机会，并激发其运动参与兴趣与激情；②强调与同伴合作，提高学生的人际交往能力与个人实践能力；③要求所有学生充分参与到活动与比赛中，而不只是给"运动精英"提供表演舞台。[③]

此外，国内外研究表明，兴趣是决定体育课程教学效果与教学改革的一个重要因素，兴趣的发展与培养对学生积极参与体育运动、增强体质、提升运动技能、改善运动能力等方面均有着重要的意义。SEM 注重以游戏运动理论为基础，以角色轮换的方式引导所有学生参与，在真实的比赛活动情境中体验团队的成败，提高学生的团队协作精神与解决问题的能力。

五、运动教育模式教学效果的研究启示

笔者经过梳理国内外运动教育模式的相关文献，得到 SEM 对我国学校体育教学有如下启示。

（1）国内关于运动教育模式研究的成果更多的是理论研究，主要集中在 SEM 内涵解读、国内外 SEM 的比较、SEM 本土化可行性研究，以及 SEM 教学对课程改革的启示，实证研究相对较少。无论是以往开放式运动

---

① Sinelnikov O A. *Teaching and learning how to teach Sport Education：An ecological analysis, motivational climate, and professional development*. Alabama：Auburn University Press, 2007.

② Siedentop D. "What is sport education and how does it work?", *The Journal of Physical Education, Recreation, and Dance*, 1998, 68 (4), pp. 18 – 21.

③ Siedentop D. "What is sport education and how does it work?", *The Journal of Physical Education, Recreation, and Dance*, 1998, 68 (4), pp. 18 – 21.

技能 SEM 教学实证研究，还是封闭式运动技能 SEM 教学实证研究，结果都显示，较传统体育教学模式，通过 SEM 教学，参与者技战术的学习效果更好，这为西藏高海拔地区中小学体育教学借鉴 SEM 提供了理论依据。

（2）国外研究更强调理论指导下的实证研究，从人才培养的长远发展入手，阐释 SEM 对体育素养培养的积极促进作用。但是，也有研究指出，SEM 不是终身体育发展的"万能药"，促进学生全面发展需要以国家教育方针为主，紧紧抓住地方、学校和民族特色，基于学生身心发展规律开发本土化的发展路径。

（3）SEM 的课程理念和教育思想与当今学校体育课程改革所倡导的理念有许多相通之处。贺伟（2013）认为，SEM 的精髓部分对我国体育课程改革有很好的借鉴和启示作用：大跨度大单元教学、运动参与目标多元化有助于促进学生的全面发展和综合素质的提高，提高学生融入社会的能力；在教学中设计了庆祝和奖励活动，注重学生人文素养的培养；教学评价全面、科学，有详细的理论依据和具体实践步骤，重视学生的学习体验和学习效果。[1] 陈雁飞教授（2005）认为，SEM 提供了体育课程改革可操作性的模式，可以将 SEM 理论迁移到新课程的学校体育改革中，以改进展示课中存在的问题和不足。[2] 体育教师和学生在 SEM 教学过程中可以较好地操作和实施运动参与多元目标。通过 SEM 教学，学生在角色体验过程中适应社会。我国一线体育教师可在相关课程标准的引领下，结合各自学校体育教育实情，使用现有教学场地、器材等资源借鉴 SEM 模式进行教学。

---

① 参见贺伟《运动教育模式的内涵、优势及启示》，载《教学与管理》2013 年第 18 期，第 119 – 121 页。

② 参见陈雁飞《运动教育模式对学校体育课程改革的启示》，载《体育学刊》2005 年第 3 期，第 92 – 94 页。

第六章　新时代高原中小学借鉴运动教育模式教学的探索

第一节　高原中小学借鉴运动教育模式的研究问题提出

一、研究背景

随着国际教育的发展，学校体育与健康课程教学改革与发展工程紧随时代发展步伐吹响了号角。近三十年来我国学生体质健康水平持续下降、学生喜欢体育却不喜欢体育课仍是常态，多数学生上了十几年的体育课却没有熟练掌握一项能够适应终身发展和社会发展的运动技能，也是学校体育与健康课程改革讨论的焦点。在健康中国建设的引领下，我国提出培养健康、全面、和谐发展的人，这也是学校体育的终极价值追求。

我国传统的学校体育教学注重基本知识、基本技术、基本运动技能教授，忽略了体育的健身育人价值。教学过程中，教师一直是课堂的主体，组织实施课堂教学，以求学生能在课堂上学会其所教授的动作技术。但是这种模式在某种程度上忽略了我国《体育与健康课程标准》中的五个学习领域，即运动参与、运动技能、身体健康、心理健康和社会适应。在单纯教学情境中，学生被动地学习教师教授的动作技术，这在一定程度上忽视了学生情感态度与价值观的培养，也就更难提及培养学生的学科核心素养。从课程标准的五大学习领域可以看出，除了要在运动参与过程中培养学生的运动技能外，更要注重学生的身体健康、心理健康和社会适应的培养。从目前来看，我国传统的体育教学模式在学生健康、全面发展、目标实现方面的收效不太明显，借鉴新的课程教学方法与理论和培养学生核心素养的新课程理念是有必要的。

随着社会的进步和经济水平的提高，国家大力扶持西藏，藏族家庭收入有较大提高，但部分藏族学生因害怕吃苦受累、怕晒太阳、怕受伤等不愿意参加体育锻炼。①②③　其次，部分藏族学生进入大学前因升学压力、体育师资缺乏、运动场地简陋、体育活动项目较少等，运动参与兴趣和积极度很低。④　这些都是藏族青少年健康的潜在威胁，学校体育教学有责任、义务和能力为藏族青少年的健康与经济社会的发展发挥基本的"热效应"。此外，西藏遥居祖国西南边陲，多数地区信息闭塞、交通不便，与外界的沟通有一定的阻碍，新的教育理念较难渗透进中小学体育教学。这使西藏部分高海拔地区中小学体育教学与内地产生了巨大鸿沟。运动教育模式（sport education model，SEM）是国际成熟的课程与教学模式，可以有效激发学生体育学习兴趣、提高学生运动参与积极性，与我国学校课程标准的五大学习领域目标较为契合。如何结合西藏本土特色与体育教学实情，在运动教育模式教学中促进学生的技能学习，培养学生的责任意识及价值观，是西藏学校体育教学改革与发展需要思考的问题。

二、研究意义

1. 理论意义

通过学习国际先进、成熟的课程教学模式，不仅能开阔师生视野，还可以提高教师对体育与健康课程价值的认识。在此基础上，深化学校体育教育教学质量，促进学生健康全面发展，为西藏各族群众的健康打基础，为促进西藏经济社会的整体发展提供人力资源。

2. 实践意义

在梳理国内外学校体育课程教学模式现状后，紧紧围绕我国学校体育教学宗旨，结合西藏地域特色和民族特色，借鉴运动教育课程模式，不仅可以帮助体育教师开阔教学思路，还能为传统的课堂模式提供优质范例，

---

①　参见王向军、杨漾、吴艳强等《上海市 2000—2014 年中小学生身体素质变化趋势》，载《中国学校卫生》2017 年第 4 期，第 562 – 566 页。

②　参见张迎修《山东省中小学生体育锻炼及学业负荷状况》，载《中国学校卫生》2011 年第 10 期，第 1186 – 1190 页。

③　参见张迎修、王志奎《山东省中小学生体育锻炼对体质状况的影响》，载《中国学校卫生》2012 年第 2 期，第 174 – 176 页。

④　参见郭慧芳《藏族高校学生 2013 与 2017 年体质健康比较》，载《中国学校卫生》2018 年第 11 期，第 1726 – 1729 页。

也能结合本地实际情况，为应对《普通高中体育与健康课程标准（2017年版）》提出的学生体质健康、体育学习兴趣、运动负荷①与技能提升等问题提供方法论借鉴。

三、研究假设

（1）西藏各地区学校体育教师性别、职称无差异。

（2）西藏各地区学校体育硬件设施基本均衡。

（3）西藏各地区学校体育教师的教学组织形式多样、评价指标和方法多元。

（4）西藏各地区学校体育教师了解运动教育模式，且有应用。

第二节　高原中小学借鉴运动教育模式的研究程序

一、研究设计

笔者基于国际课程改革经验，紧紧围绕我国学校体育发展现实问题，在"立德树人"背景下，梳理了国际运动教育模式研究现状，并调查了西藏高海拔地区学校体育师资、硬件设施、教学事实与评价等情况，在此基础上，试提出西藏高海拔地区借鉴运动教育模式的发展路径。

1. 设计背景

教育改革受到党和国家的高度重视，习近平总书记在全国教育大会上做了重要讲话，强调要树立健康第一的教育理念，建立促进学生身心健康全面发展的长效机制，切实推进健康中国建设。2019年全国教育工作会议上，教育部部长陈宝生指出，教育系统要深入实施"奋进之笔"，从薄弱处着手落实立德树人根本任务，教育教学改革要深下去，体育要有刚性需求。② 可见，学校教育教学改革已上升为国家战略问题。体育作为健康

---

① 运动强度：140～160次/分的心率，单节课运动密度不低于75%；每节课约有20分钟的时间在活动和比赛中学习运动技能，约进行10分钟的补偿性体能练习。

② 参见《攻坚克难　狠抓落实　推动新时代教育实现新发展新跨越》，见中华人民共和国教育部网（http://www.moe.gov.cn/jyb_xwfb/gzdt_gzdt/moe_1485/201901/t20190118_367390.html.），最后访问日期：2023年1月18日。

育人的重要学科，体育课堂教学是直接的人才培养渠道。西藏位于中国西南边陲，整体教育水平落后于中国东南相对发达地区。在健康中国建设背景下，为了提升西藏高海拔地区学校体育健身育人的价值、作用，从课程教学模式入手显得尤为重要。

2. 设计依据

根据国际肥胖工作组的数据，全球有 1.5 亿超重儿童少年，中国有 1200 万超重儿童少年，这意味着，大约全球每 13 名超重儿童中有 1 名中国儿童。尤其是 7—22 岁青少年肥胖检出率呈现快速增长趋势，男生增长速率快，且农村高于城市。体育课上，大部分学生的身体极不协调。[1] 87.13% 的藏族学生每天体育锻炼时间不足 1 小时，45.36% 的大学生不愿意参加长跑锻炼。[2][3] 可见，藏族学生的体质健康堪忧。学校体育课堂是学生体质健康最低的保障，那么，为学生提供在真实环境中体验比赛或活动的情景，将会有效激发他们的运动参与兴趣与积极主动性。SEM 以游戏理论为基础教育理论，教学中教师主要负责给学生提供直接指导，学生以合作学习的方式参与课堂，根据教师设置的不同情景，学生担任不同角色，轮流"掌控"课堂，这将为学生的技能学习、体能练习以及探究合作能力提升提供展示的舞台，这也符合我国《普通高中体育与健康课程标准》的精神。

3. 设计特点

本研究将理论与实践、国家文件与学校课程实施理念相结合，以文献梳理、问卷调查和访谈的方式了解国内外学校体育教育课程模式发展趋势及西藏中小学体育教学现状，挖掘西藏中小学体育教学存在的问题，并借鉴 SEM 方法激发学生体育学习兴趣和运动参与度，推动学校体育教学改革与发展，最终促进学生健康全面发展。

二、研究对象

（1）由西藏民族大学教育学院承担的"国培计划"2018 年西藏自治

---

① 参见《突围营养不良和超重肥胖"夹击"》，载《中国教育报》2015 年 5 月 26 日第 8 版。

② 参见张洋、何玲《中国青少年体质健康状况动态分析：2000—2014 年四次国民体质健康监测数据》，载《中国青年研究》2016 年第 6 期，第 5 - 12 页。

③ 参见王军利《大学生身体活动水平的评价指标及其效度研究》，载《中国学校卫生》2015 年第 5 期，第 755 - 761 页。

区基础教育 34 名全区一线中小学体育教师。

（2）全国有了解或者是应用 SEM 进行体育教学的大中小学体育教师 26 人，详见表6-1。

表6-1　访谈人员情况

序号	姓名	职务	单位	序号	姓名	职务	单位
1	汪＊赟	体育教师	ECNU	14	谢＊利	体育教师	AHSZYZ
2	陈　＊	体育教师	ECNU	15	闫＊芳	体育教师	FTQLYXX
3	陈＊云	体育教师	UoM	16	杨　＊	体育教师	ECNU
4	＊Ward	体育教师	OUS	17	郝＊辉	体育教师	JZPXHXXX
5	李＊东	体育教师	OUS	18	张＊强	体育教师	FJZZDWZX
6	季　＊	体育教师	SHYYJSDX	19	张＊建	体育教师	QDSJZX
7	孔　＊	在读博士	ECNU	20	张＊艳	体育教师	QDSYZX
8	刘　＊	体育教师	JNLCDEZX	21	张＊卿	体育教师	FZJSZX
9	邵＊飞	在读硕士	ECNU	22	石　＊	体育教师	SDDZYZ
10	袁　＊	体育教师	SHCNQXX	23	朱＊武	体育教师	AHHFLZ
11	施＊伟	体育教师	AHXCZYJSXY	24	岳＊虹	企业领导	SZJTYYXGS
12	张　＊	体育教师	DHDXFSSYXX	25	陈＊桥	体育教师	SZDYCJZX
13	王＊勃	体育教师	SDJZCJSYXX	26	董　＊	在读博士	NJSFDX

注：为保护受访者隐私，对部分信息进行了模糊处理。

三、研究方法

1. 文献资料法

笔者借助华东师范大学图书馆、西藏民族大学图书馆和国家哲学社会科学学术数据库资源、谷歌学术、百度文库等，有针对性地筛选和查阅与 SEM 有关的文献。同时，在 College of Education and Human Ecology、Ohio State University 学习的同学也给笔者的研究提供了美国 SEM 实施情况的第一手资料。另外，笔者采用 CiteSpace 5.3.R1 可视化数据分析软件对 SEM 的研究现状进行梳理，了解国内外研究动态，为本研究奠定理论基础。

2. 问卷调查法

采用自编问卷《西藏高海拔地区中小学体育本土化 SEM 应用的调查

问卷》对西藏高海拔地区的 34 名中小学生体育教师进行问卷调查，了解西藏中小学体育教学模式现状，以及在西藏借鉴 SEM 的可行性等情况。

（1）调查目标。了解西藏高海拔地区中小学体育教学模式现状及其存在问题。分析西藏高海拔地区中小学体育教学模式应用的主要影响因素。初步形成西藏高海拔地区中小学借鉴 SEM 的思路。

（2）调查工具。自编问卷《西藏高海拔地区中小学体育本土化 SEM 应用的调查问卷（教师卷）》，内容涉及西藏高海拔地区中小学体育与健康课程开展现状、影响中小学体育发展的因素、中小学生对体育课的参与性、体育教师对体育教学模式的应用情况等维度，通过问卷了解西藏高海拔地区体育教学模式的现状和存在问题。

（3）调查对象。调查对象在"二、研究对象"已有详述，此处不再赘述。

（4）调查步骤。①编制调查问卷。问卷主要是封闭式问题，辅以少量开放式问题。问卷信度以重测信度检测，其相关系数以不小于 0.7 为宜；问卷效度主要包括内容效度和结构效度，其中前者主要采用专家评定法和调查目标对照法，而后者则采用专家评定法。②问卷发放与回收。采用纸质问卷以现场发放、现场回收方式进行。

3. 访谈法

通过面对面、微信、邮件等方式与美国密歇根大学 * yun Chen、华东师范大学汪 * 赞教授、尹 * 华副教授等专家和国内的 26 名熟悉 SEM 的一线体育教师、学生就 SEM 的相关情况进行访谈，为西藏高海拔地区中小学体育教学中合理应用 SEM 提供具有可操作性、符合西藏经济社会特色的中小学体育教学的成功经验。

（1）访谈目标。①了解不同群体对西藏高海拔地区中小学体育教学模式现状、存在问题的成因及其影响因素等的认知。②了解不同群体对西藏高海拔地区借鉴 SEM 设想的看法。

（2）访谈工具。访谈工具为《西藏高海拔地区中小学体育教学模式开展现状及借鉴 SEM 可行性的访谈提纲》，内容包括西藏高海拔地区中小学体育教学模式存在问题的成因及影响因素。

（3）访谈步骤。①编制访谈提纲：聘请 3 名运动教育模式或课程与教学模式相关的专家检验访谈提纲的效度，根据专家意见修改访谈提纲并定稿。②确定访谈方式：在征得访谈对象许可的基础上，以面对面、微信、邮件的方式开展访谈，并进行全程录音。③访谈结束后，及时整理访谈数据，并结合问卷调查数据所反映的西藏高海拔地区中小学体育教学模式现状，分析存在问题、影响因素，并提炼借鉴 SEM 的可行性思路。

4. 数理统计法

以 Microsoft Office Excel 2016 和 Statistics 23.0 统计软件对西藏高海拔各地区不同性别中小学体育教师职称进行卡方检验，对硬件设施、教学评价手段和内容等数据进行描述性统计与相关分析。

四、技术路线

研究技术路线详见图 6 - 1。

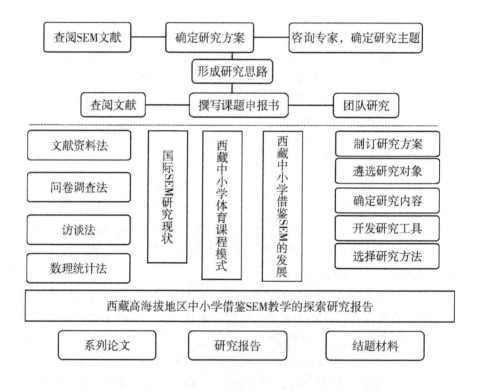

图 6 - 1　技术路线

第三节　高原中小学借鉴运动教育模式的研究结果与分析

一、高原地区基本师资及场地设施概况

1．高原地区基本师资概况

笔者共调查了西藏高海拔地区的 34 名中小学一线体育教师（男 30 名，女 4 名），发现不同地区的师资差异较大。被调查的人员中只有 11.8% 的女性教师，而男性教师则占 88.2%，可见西藏高海拔地区中小学体育教师男女人数比例差异显著（$\alpha^2 = 7.508$，$P = 0.023$），严重缺乏女性体育教师。同时，他们的职称偏低，被调查人员中没有高级职称，甚至有 41.2% 的体育教师无职称，而且地域差异非常明显（$\alpha^2 = 60.917$，$P = 0.000$）。此调查结果与笔者的研究假设 1 完全相反。

2．学校体育设施及应用情况

场地是学校体育开展体育活动的必要条件，且多元化的场地设施对于学生参与运动，以及提高其体育兴趣具有促进作用。由表 6 – 2 可知，西藏中小学都有篮球场（100%），其次是足球场（88.24%）和田径场（82.35%），其他场地甚少。此外，篮球（82.35%）、足球（88.24%）、排球（76.47%）、跳绳（76.47%）等的使用率相对较高，但是，藏族体育项目——押加，在西藏中小学校体育课堂中没有得到开展。这与《体育与健康课程标准》提倡的学校体育引入民族民间体育项目不符。此调研结果与研究假设 2 不一致。

表6-2 关于运动场地设施情况的调查问题

问题	选项	教师复选结果	
		f（人）	P（％）
请问您学校有哪些运动场？	篮球场	34	100
	足球场	30	88.24
	田径场	28	82.35
	排球场	12	35.29
	其他	2	5.88
请问您学校体育课通常使用哪些体育器材？	篮球	28	82.35
	足球	30	88.24
	排球	26	76.47
	乒乓球	16	47.06
	网球	0	0
	羽毛球	12	35.29
	押加	0	0
	板鞋	2	5.88
	高脚	0	0
	跳绳	26	76.47
	其他	2	5.88

注：1. 上述调查问题都是多项选择题，各颞选项的比例之和不等于1；2. "复选结果"是指选择某选项的同时又选择了其他选项的频数和比例。其中，f为所选项的人数，$P = f/N \times 100\%$，N为总人数。后文相同。

二、高原中小学体育教学实施现状调查

1. 体育课堂教学组织现状

体育课堂教学有国家规定的专门学时保障，是学生有效体育学习的主

渠道。[1] 一线体育教师在教学中应"以学生为主"，积极落实立德树人的精神，培养学生核心素养，充分发挥教师的组织、引导作用。[2] 西藏中小学体育课堂教学组织形式的调研结果见表6-3。

表6-3　体育课堂教学组织形式的调研结果（N=34）

选项	复选结果	
	f（人）	P（%）
教师教与学生学	12	35.29
依《普通高中体育与健康课程标准（2017年版）》	6	17.65
以学生兴趣组织教学	16	47.06
结合学校实际情况组织教学	10	29.41
教师组织学练一段时间，学生自由活动一段时间	4	11.76
以比赛为主	0	0
以学练技术为主	2	5.88
以教师兴趣组织教学	0	0
学练技术与比赛结合	2	5.88
学生自由活动	2	5.88
其他	0	0

（注：表格左侧为"您所在学校体育课堂教学组织现状？是什么"）

　　由表6-3可知，西藏中小学体育课堂教学组织形式是以学生兴趣组织教学（47.06%）、传统的教师教与学生学（35.29%）、结合学校实际情况组织教学（29.41%）等为主，但值得注意的是并不是以教师兴趣组织教学（0%）。这貌似符合当代学校体育教学发展要求，但是，以比赛为主的组织形式同样没有出现。这在一定程度上并没有与《普通高中体育与健康课程标准（2017年版）》的理念接轨。其实，比赛才是有效增强体

---

① 参见季浏《课堂教学是培养学科核心素养的主渠道：〈课程标准（2017年版）〉关于课堂教学建议的解读》，载《中国学校体育》2018年第9期，第8—12页。

② 参见季浏、钟秉枢主编《普通高中体育与健康课程标准（2017年版）解读》，高等教育出版社2018年版。

质、激发运动兴趣、体验运动乐趣和成功的关键场景。因此，后期的体育教学中，教师应引导学生在做中学、做中思、做中乐，以培养学生的核心素养。①

2. 体育课堂教学中的师生角色

2003 年我国《普通高中体育与健康课程标准（实验）》强调"以学生发展为中心"，教师在教学的每个方面要发挥"主导"作用。② 教育部的官方调研结果以及周登嵩、陆作生等的研究结果都充分体现出了此理念。③④⑤ 笔者梳理了西藏中小学体育课堂教学中的师生角色的情况（表6－4、表6－5）。

表6－4　学生课堂角色

	组织者	裁判	记录员	啦啦队员	观众	比赛讲解员	教练	运动员	其他
人数/人	16	14	2	8	8	2	6	16	2
比例/%	47.06	41.18	5.88	23.53	23.53	5.88	17.65	47.06	5.88

表6－5　教师课堂角色

	裁判	教练	观众	组织者	讲解员	无	其他
人数/人	24	20	2	20	12	0	0
比例/%	70.59	58.82	5.88	58.82	35.29	0	0

由表6－4、表6－5可知，西藏中小学体育课堂教学中师生各有不同

---

① 参见季浏《课堂教学是培养学科核心素养的主渠道：〈课程标准（2017 年版）〉关于课堂教学建议的解读》，载《中国学校体育》2018 年第 9 期，第 8－12 页。

② 参见季浏《我国〈普通高中体育与健康课程标准（2017 年版）〉解读》，载《体育科学》2018 年第 2 期，第 3－20 页。

③ 参见教育部基础教育司《〈体育与健康课程标准〉修订意见统计分析报告》，2003 年，第 60－62 页。

④ 参见周登嵩《学校体育热点 50 问》，高等教育出版社 2007 年版，第 29－33 页。

⑤ 参见陆作生、吕菊、董翠香《对我国体育教学目标人文性的思考》，载《北京体育大学学报》2003 年第 2 期，第 157－159 页。

的角色，如被调查教师认为学生主要担任组织者（47.06%）、运动员（47.06%）、裁判（41.18%）等角色，而教师则担任裁判（70.59%）、教练（58.82%）、组织者（58.82%）等角色，很少有教师以观众（5.88%）的身份参与课堂。

3. 西藏中小学体育教学中存在的问题

西藏作为我国西南边陲屏障，地广人稀、交通不便，中小学体育教学中存在如下问题（图6-2）。

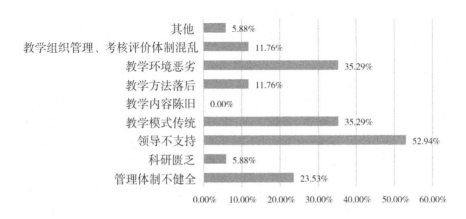

图6-2 西藏中小学体育教学中存在的问题

从图6-2可知，西藏中小学体育教学中存在的前三大主要问题分别是领导不支持（52.94%）、教学模式传统（35.29%）、教学环境恶劣（35.29%）。其中教学环境是比较客观的因素，较难改变。其余两大问题可能与人的认知有关，相关部门可以通过组织相关人员了解体育教学对学生健康全面发展的重要性，逐渐改变其旧有观念。尤其是教学模式，我们应该时刻与国际先进教学模式衔接，有效提升西藏中小学体育教学质量，推动我国体育教学整体改革。

综上所述，西藏高海拔地区中小学体育教学组织是以学生的学习兴趣、传统的教师教与学生学课堂组织形式为主，并没有改变以教师为中心的课堂组织形式，或者还没有真正为学生架设起自主施展能力的平台，也可以理解为没有彻底地将"以学生为中心"贯彻落实在教学实践中。而这点也可以从师生在课堂上的角色得到一定的证明。加之，西藏中小学体育教学不受部分领导重视或者支持，以及教学环境恶劣和教学模式传统，对西藏中小学体育教学造成了不小的阻碍。

三、高原中小学体育教学考核与评价

考核是对学生学习效果的检验，同时也反映了教师的教学质量。评价具有反馈、激励、改进、导向功能。对体育教学的评价可以根据教学需求和学生学习情况进行，可有效促进教学双边互动。西藏中小学体育课堂学习考核与评价调研结果见表6-6。

表6-6　体育课堂学习考核与评价调研结果

问题	选项	教师复选结果	
		f（人）	P（%）
请问您是如何对学生的体育课学习进行评价的?	没有	2	5.88
	考试、分数	12	35.29
	学习进步幅度	16	47.06
	学习参与度	12	35.29
	分数、学习进步幅度和参与度结合	8	23.53
	其他	0	0
请问您的体育课主要包括哪些方面的考核?	体育基本知识	18	52.94
	动作技术	20	58.82
	比赛	8	23.53
	战术应用	4	11.77
	出勤	16	47.06
	学生运动参与度	12	35.29
	其他	0	0

调研结果表明，5.88%的被调查人员不对学生进行评价，而有23.53%的体育教师对学生体育学习评价采取多元化的方式，这样更能关注到不同学生的学习情况，更能体现"以学生发展为中心"的理念。体育教师的考核内容更注重传统化的"动作技术（58.82%）""体育基本知识

（52.94%）"和"出勤（47.06%）"。可见，考核内容还不够丰富，教师应该开发更多能激发学生体育学习兴趣的考核内容，从不同视角发展学生的综合能力，以及学生的核心素养。

四、高原中小学借鉴运动教育模式的可行性研究

（一）高原地区中小学体育教师对教学模式的知晓情况

由图6-3可知，西藏虽然矗立在祖国边疆，但是学校体育与健康课程改革的春风仍然吹到了那里，西藏中小学体育教师对SEM（70.59%）和健康体育课程模式（64.71%）的知晓比例较高。而这两种课程模式的精髓与我国《普通高中体育与健康课程标准（2017年版）》强调的让学生在真实比赛或活动中体验运动的快乐与成功，在真实情境中学习体育运动的本质内涵，培养团队精神、增强体能、提升心理健康和社会适应能力等相契合。这对于西藏高海拔地区学校体育借鉴SEM乃至推进西藏学校体育课程教学改革奠定了一定的基础。

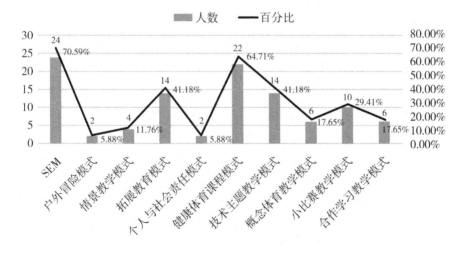

图6-3　西藏中小学体育教师对课程教学模式的知晓情况

鉴于深入西藏高海拔地区的中小学进行体育教学调研的重重阻碍和课题研究的多方面限制，笔者在对西藏高海拔地区一线体育教师进行调研梳理的基础上了解学校体育课程模式的实施情况，并对国内外的相关人士进

行访谈，以获取相关 SEM 实施经验，进而为西藏中小学体育教学借鉴 SEM 提供启发和参考。

（二）访谈结果

研究过程中，笔者对国内外高校体育课程与教学专家、中小学一线体育教师进行了如下几个方面的访谈。

1. 国外专家

①您认为，中小学体育教学应该培养学生哪些方面的知识、技能和素养？

知识：体育技能、身体素质、正确从事体育活动的知识，如训练的原则与方法。

技能：小学低年级——培养基本运动技能；小学高年级——在低年级基础上，培养基本的专业（专项）运动基本技能；初中——以专项基本技能为主；高中——培养稍微复杂的专项基本技能。

素养：小学低年级——培养遵守纪律、规则素养；小学高年级——培养遵守纪律、规则，与同学相处，互相帮助，以及如何让别人接受自己的想法的素养，如小组讨论中不能只听一个人的意见，而应让大家都积极参与；初、高中——培养在体育课中不投机取巧、不偷懒，在老师和裁判没有看见的情况也能自觉遵守规则的诚实态度。

②您认为 SEM 对学生全面发展有何作用？

SEM 对培养学生团队意识、认真负责态度、遵守规则素养等有很强的促进作用，如篮球教学中，不光是老师教学，让学生多看 NBA、CBA 比赛，也能培养对他们的观赏能力、素养。

③请问您学习运动教育模式后受到最大的启发有哪几点？

从准备活动开始，教师对学生进行分组，让各组队长带领组员学习。高中教学是特别复杂的，尤其是加入战术比赛后。教师首先让所有学生看一组的示范，学生仔细观摩，如传完球该如何跑动。教师接着给队长做示范，之后让队长在指定区域、空间分组组织学习相关技战术，这样教师会节省很多时间。

采用 SEM 教学，教师除了能节省组织教学的时间，还能组织队与队之间进行比赛，为学生提供练习机会，并将每次比赛的成绩记录下来

在教学单元结束时，教师组织比赛。赛季练习中融入组织比赛、比赛

如何循环、比赛规则、裁判法、如何记录等；正式比赛时教师主要起组织作用，让学生了解比赛规则、及时记录。另外，不用完全遵照正规比赛规则，而是根据学生年龄段改良比赛规则，小场地、小范围、小规模地让学生不断轮换角色，而不是让学生体验单一角色，如教师组织学生先体验3分钟的裁判角色，再进行角色轮换。

④请问美国在体育教学中使用 SEM 是否会进行改造呢？如果进行改造，请问改造后如何评价教学效果以及如何对学生学习情况进行评价？

教师不能机械地应用教学模式，应根据教学单元、学生情况、教学目的采取合适的教学模式。体育教师应将 SEM 与战术比赛教学模式结合应用。教师主要根据评价目的设置评价标准，如为了评价学生团队精神、遵守规则等素养则制定素养方面的评价标准，为了评价运动能力是否提高（有关战术配合意识、技术及其应用能力等）而制定运动能力表现方面的评价标准等。

⑤请问您认为运动教育模式对学生的体育学习有什么影响？

在高中体育教学中，教师应用 SEM 和比赛教学模式教学效果很好，而小学低年级体育教师通常不采用 SEM 教学，采用何种教学模式取决于教学对象的年龄。从主观观察来看，将传统体育教学和 SEM 两种教学模式结合起来，学生积极性会更高，尤其在教学单元结束时，将队组织起来，组织队内比赛、队间比赛，这对他们的技术提高有促进作用。将技术教学和各种比赛有机糅合在一起，学生不会感觉枯燥无味。如果只有比赛没有技术教学，学生没有掌握技术技能，比赛也很难真正进行下去。

综上所述，国外一些专家认为中小学是青少年知识、技能、素养培养的敏感期。而体育课是培养青少年知识、技能、素养的有效载体，甚至有着其他任何学科所不可替代的作用。但是，鉴于青少年的不同生理发育阶段、认知水平等因素，不同学段的体育教学应该因材施教。当前学校体育强调学科核心素养的培养，通过设置比赛或者是活动情境来实现。而 SEM 强调所有学生参与比赛或活动，并能够在比赛中以不同角色进行实践和掌握比赛与体育的本质，这与我国学校体育与健康课程目标相吻合。前提是 SEM 能够有效激发学生运动参与兴趣并使学生在参与过程中体验到运动乐趣和成功、培养学生的团队意识与探究能力。应用 SEM 务必要结合学校体育设施和文化氛围，再根据学生的学情，相应地改变规则、调整教学内容与进度等，并要实事求是的进行适时合理评价，只有这样才能对教学起到积极促进作用。

2．国内专家、一线体育教师

（1）被访谈者对 SEM 的了解途径。

国内被访谈者主要通过国外网站、国外学者在国内举办的学术讲座、国内师资培训课程和学校课程学习四个途径了解 SEM（图 6 - 4）。

从图 6 - 4 可知，被访谈者中有 46.15% 的人是从国内的师资培训课程中了解 SEM。这也折射出，国内的师资培训已经开始很重视体育课程教学模式的学习，希望通过培训将国外先进的课程教学模式引进国内，供一线教师借鉴、参考。但是学校课程教学中还是很少涉及 SEM 的相关知识、理念的传授。因此，从这也反映了西藏高海拔地区一线体育教师接触此课程模式的机会可能就更少了。

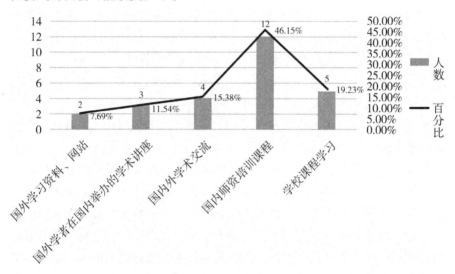

图 6 - 4 被访谈者了解 SEM 的途径

（2）学习 SEM 的最大启发。

笔者对不同人员的访谈结果进行梳理后发现，SEM 对受访者有如下启发。

第一，SEM 是以赛季为特点，教师在教学过程中主要是答疑解惑、总体把关。所以，此课程模式对学生的总体要求很高，教师定位要明确，教师不仅仅要主导课堂，更需要积极参与到学生当中，不时转换自己的角色。

第二，教师采用 SEM 教学，学生的受益最大，尤其是那些平时不喜欢参与体育运动且运动技能弱的学生。SEM 对学生的益处主要体现在以下几个方面：① SEM 有别于我国传统体育教学所重视的运动能力提升，其更注重健康行为与体育品德的培养。②学生在真实的运动参与过程中体验不同角色，有效激发了学生的运动参与积极性、主动性，有效增加了学生的运动负荷。③根据学生学龄段适时调整比赛规则，鼓励所有人参与集体活动。④教学组织由学生策划、教师把关，提升教师的总体教学设计能力；实行小组教学，难度由易到难逐级增加。⑤阶段性课程目标达成，评价方式多元化，更注重过程性评价。⑥不同学习层次的学生均有不同的激励机制，既有个人表现的积分，又有团队竞赛得分，赛季始末还有团队展示。

第三，SEM 对教师专业发展的影响。通过梳理被访谈者的回答发现，SEM 对教师发展有很大的影响：①教师根据学生的实情设定评价方法，这会督促教师自主学习、客观评价学生的学习。②教师不仅是教学者，还是组织者、裁判者、引导者等，这有助于教师发现自我存在的问题或弱项，促进自我"充电"，体现"以学生为中心"、教师为主导的理念。

第四，SEM 对我国学校体育与健康课程改革的启发。①学习、借鉴国外体育课程教学关注公平参与、合作学习的理念。②关注学生心理，注重学生自主分析能力、解决问题能力的提升，促进学生个性、健康全面发展。③ SEM 融合传统的徒弟跟师傅学习、整齐划一的单一技术教学，强调在应用情境中进行结构化教学。④教学中赛季的形式更有助于学生兴趣的提升，有益于学生在真实的比赛情境中体验不同角色。⑤教师与学生共同参与，时时注意角色转换。

（3）不同教师对 SEM 的应用及其建议。

国内已有不少一线体育教师在课堂教学中应用 SEM，主要是根据自己的课堂特点进行教学。如有的教师在选项课中应用 SEM 教学会以联赛制分组教学、比赛，但是在课堂教学应用中根据学生数量、运动能力、运动基础等实际情况，改编 SEM 的赛季比赛方式、时间及比赛规则，同时，在比赛中向学生教授体育运动的礼仪、体育文化。通过分组学习技能，给更多人提供参与比赛的机会，最终达成课内合作学习，延伸到课外自主学习的目标。具体来讲，部分教师按照如下五步进行教学：①简单介绍SEM。②先进行技术教学，再分组（平均分组）比赛。③鼓励学生都参与比赛，尤其是鼓励女生参与比赛。④进行评价，技能相对较弱者多得 1 分。⑤季后赛与学校体育节挂钩。

鉴于我国基础教育课时短的单元形式教学实情，根据学生个性化状态进行分类教学，要结合游戏理论，强调以人为本，将学生培养成为有运动能力、懂体育文化和热衷于体育运动的人。为此，应用 SEM 教学时，一线体育教师建议：①需要按 SEM 赛季时间，设置大单元教学，运动参与目标及运动评价多元化等，要对 SEM 进行本土化改良，避免"水土不服"的情况。②改变技能学习方式，不再单纯地进行动作技能学习，突破传统评价的界限。③注重学生参与态度的评价。

综上所述，在我国学校体育师资培训中对 SEM 重视度较高，多数人是从师资培训中获悉 SEM。SEM 摒弃了传统只为少数"运动精英"提供舞台的方式，激励更多人在真实运动情境中体验体育的魅力，也易于使学生养成终身体育的习惯，更重要的是有助于学生健康全面发展。SEM 虽然教学方式灵活多样，但是始终围绕着教学目标，这与我国学校体育与健康课程改革提出的发挥体育的"健身育人"功能，培养学生"学科核心素养"有所衔接。所以，SEM 的推广可能会给西藏学校体育教学提供良好的借鉴。

第四节　高原中小学借鉴运动教育模式的结论

笔者对高原地区中小学体育与健康课程模式的初步研究发现，对于高原中小学借鉴 SEM 教学是具有一定的可行性的。笔者主要从以下二个方面进行分析。

1. 高原地区中小学体育师资缺乏、职称偏低和硬件设施简陋

笔者研究发现，西藏中小学体育教师较为不足，尤其是女教师严重缺乏，这是不利于青春期前后女学生上体育课的，也就不利于体育课教学效果的提高。因此，应该加强西藏高海拔地区中小学女性体育教师的师资配备，使男女教师比例更加合理化，提高学生体育学习效果，最终促进学生

的健康全面发展。这与杨建军（2016）的研究结果相似。[①] 他指出，从学校类型分析，小学和高中的体育教师男女比例均接近 3∶1，初中女体育教师比例更低。

前人研究发现，职称是教师教学水平和学术水平评价的一项重要指标，可以在一定程度上反映教师的教研能力，也与教师的工资收入和工作积极性相关。职称评定受个人工作年限、教学、科研等考核指标的影响，对于职称低或者是无职称的西藏中小学体育教师，可能是因为其工作时间短、年龄小等。本研究发现，西藏高海拔地区的体育教师职称普遍较低，没有高级职称。鉴于师资力量不足、设备落后等不利因素，我们需要积极探索更有效的教学模式，高效地促进学生全面发展，而 SEM 可能是值得借鉴的模式。

2．体育教学实施现状并不乐观

（1）当前我国课堂教学理念有转变，但转变不充分。《普通高中体育与健康课程标准》是我国学校体育与健康课程改革与发展的方向和目标，主张学生在真实的比赛和活动情境中，体验运动的乐趣与成功，学会解决复杂问题，提升综合素养，使之成为健康全面发展的人。笔者通过研究得出，体育教师教学更多的还是以教师为主，学生更多的是被动接受知识、技能，学练单个技术，难以在比赛中灵活应用。这很可能会造成学生上了十多年体育课，却没有掌握一项可以熟练应用与健身的运动技能。不过，众多体育教师已经跟着课程标准在努力开拓前行，在学校体育教学中埋下了发展的种子。

（2）部分领导的不重视一定程度上阻碍了学校体育的发展。调查结果发现，西藏高海拔地区部分领导不重视学校体育，这是学科发展极其不利的一个影响因素。因为学校体育有着国家规定的课时作保障，并且配备专业体育教师，而且中小学正是健康成长的黄金期，这一时期所形成的运动习惯将会持续到成年期。所以，领导们需要加大学习了解相关政策，放远眼光、开阔胸怀，重视学校体育。

（3）考核评价内容单一、指标设置不科学。评价是对学生学习效果和教师教学效果的综合考量，它具有导向、激励、反馈、调节四大功能。调

---

① 参见杨建军《西藏中小学体育师资结构特征的调查研究》，载《西藏教育》2016 年第 4 期，第 50－52 页。

研结果发现，西藏中小学体育教学还是以基本知识、技术的考核为主，但好的方面是，不再单纯以考试成绩对学生的学习效果进行一次性的终结性评价，而是结合参与度、考勤等多维因素进行评价。

3. 高原体育教学借鉴 SEM 的可行性

（1）思路决定出路，视野决定事业。调研结果发现，高原地区的体育教师对 SEM 的知晓人数比例最高。这说明体育教师还是在不断地学习国际先进、成熟的知识，有想教好学生、上好课的念头，这是至关重要的，也是推动西藏学校体育课程教学改革与发展所不可缺乏的宝贵资源。此外，SEM 是与目前我国学校体育改革与发展的主旋律高度相似的一种国际化、成熟的课程模式，针对本地的学情、校情等实际情况，适时、适度地借鉴 SEM，将其应用到体育课堂教学是大势所趋。

（2）参考国内外对 SEM 有了解和应用的人士的经验。从国外相关专家对 SEM 的应用经验来看，不管在哪个国家使用该模式，都有必要根据课堂实情进行必要的调整、改动。从国内专家和一线体育教师等对 SEM 的应用经验同样得出，SEM 是在国外文化背景下开创的一种课程教学模式，完全"照搬"可能与我国社会主义传统文化不相容，也可能与藏族文化衔接不畅。但是，从国内中小学对 SEM 应用情况来看，经过一定的改造，其是可以借鉴的，而且与我国传统体育课程模式相比，SEM 对学生身体素质全面发展有更加明显的促进效果。

第七章　新时代高原网球教学借鉴运动教育模式的探索

第一节　高原网球教学借鉴运动教育模式的研究问题提出

一、研究背景

网球运动作为西藏高校体育的重要组成部分，在落实党的二十大科教兴国战略、"立德树人"根本任务和"健康第一"教育理念等方面具有其他运动项目所不可替代的作用。国内外运动教育模式（sport education model，SEM）相关文献对我国学校体育课程教学、科研及师生发展有如下启示：①与传统常态化的教学模式相比，SEM为所有学生健康全面发展搭建了进步的舞台，为一线教师和职前教师开启了专业发展之窗。②教学设计要立足"以学生为中心"，以激发学生运动参与兴趣为主，培养学生团队合作意识和能力。③科研工作者要借鉴国外研究经验，加强实证研究，为我国引进SEM，促进学生健康全面发展铺好路基。但是，从教学实践观察来看，西藏高校网球运动教学更加注重单一、碎片化技术教学，缺乏结构化的知识、技能教学，也未能充分体现"以学生为主体、教师为主导"，难以激发大学生对网球的兴趣。鉴于此，本章以西藏民族大学为试点学校，借鉴SEM进行网球教学，进一步探究网球教学效果，希望通过这次探究能为西藏民族大学网球教学提供科学的实证支撑，从而为推动西藏高校体育教学改革深入发展提供决策参考和实践依据。

二、研究目的

通过实验与访谈相结合的方式对西藏民族大学SEM网球教学进行为

期一学期的实验研究。通过测试参与研究学生的 1 分钟原地站立拍球、1 分钟原地站立颠球、下手发球和 1 分钟 "8" 字跑的教学效果，并结合所测试学生对 SEM 网球教学体验进行访谈，了解西藏民族大学 SEM 网球教学实施效果，为西藏高校网球教学乃至体育教学改革提出相应的建议。

第二节　高原网球教学借鉴运动教育模式的研究方案设计

一、研究对象和时间

1. 研究对象

（1）实验对象。经过前期调查得知，目前有条件开展网球教学的西藏高校中，仅西藏民族大学的网球普及度较高、场地设施较完备、师资实力较雄厚、选课学生人数较多，故笔者选取西藏民族大学为试验学校进行教学试验。随机选取西藏民族大学 2021 级公共体育网球选修课的 4 个班级，6 个专业的 136 名大学生为试验对象，具体包括：财经专业 32 人、法学 19 人、文学 16 人、管理 16 人、新闻与传播（简称 "新闻"）19 人和信息工程（简称 "信工"）34 人，其中，实验组男生 31 人、女生 38 人，对照组男生 13 人、女生 54 人（表 7-1）。

表 7-1　SEM 在网球教学中的应用研究的研究对象

组别	性别	人数/人	百分比/%	专业
实验组	男	31	44.9	管理、新闻、信工
实验组	女	38	55.1	管理、新闻、信工
对照组	男	13	19.4	财经、法学、文学
对照组	女	54	80.6	财经、法学、文学

（2）访谈对象。选取实验组参与 SEM 网球教学的学生为访谈对象，具体包括：管理、信工专业男生共 3 名，新闻和信工专业女生共 4 名（表 7-2）。在访谈前，笔者给 7 名被访者讲明了此次实验的目的、方法以及学术价值，被访者完全是自愿参与，如果在访谈过程中不愿意继续参与，

可以随时退出。

表 7 -2　实验组参与 SEM 网球教学的访谈对象

性别	人数/人	专业	学生姓名
男	3	管理、信工	WZH、CAL、DJJ
女	4	新闻、信工	LWH、ZYJ、ZLL、YJY

注：为尊重被访者隐私，将学生姓名作模糊化处理。

2．研究时间

本研究开展的时间依据西藏民族大学开展教学的时间而定，具体为 2022 年 9 月—2022 年 12 月。受 2022 年下半年新冠疫情的影响，网球教学方式改为线上，且多数学生家中并无网球、网球拍和网球场地等，研究团队建议学生自制纸球、塑料球等代替网球，自制木拍或是类似能够弹起纸球或塑料球的拍子代替网球拍，进行拍球、颠球和发球练习。2022 年 9 月开学后前 2 周进行 1 分钟拍球（简称"拍球"）、1 分钟颠球（简称"颠球"）、10 次对墙下手发球（简称"发球"）和 1 分钟"8"字往返跑（简称"'8'字跑"）测试，收集前测数据。于 2022 年 12 月收集与前测数据相应的后测数据。

二、研究工具和方法

1．访谈提纲

自编《网球分组自主教学认知情况访谈提纲》（见附录一），对参与实验的大学生进行访谈（包括自主练习情况、多种角色参与比赛情况以及对活动的认知等）。

2．测试工具

采用国家通用的 PC100B 秒表计时，采用标准米尺丈量距离。

3．研究方法

（1）文献资料法。笔者在西藏民族大学、国家哲学社会科学图书馆以及华东师范大学图书馆等高校图书馆的中国知网、Web of Science 等国内外数据库收集有关"网球""SEM""体育教学"等的文献，为本研究提供理论支撑。

（2）实验法。在西藏民族大学 2021 级公共体育网球选修课教学中，教师借鉴 SEM 教学法进行为期一学期（17 周）的教学实验，比较实验组和对照组学生的拍球、颠球、发球和"8"字跑的成绩，以验证 SEM 在网球教学中的效果，为西藏民族大学网球教学改革提供实证支撑。

（3）访谈法。运用《网球分组自主教学认知情况访谈提纲》（见附录一），随机对西藏民族大学 7 名受试大学生参与 SEM 网球教学的体验、认知情况进行访谈，了解他们对 SEM 网球教学中存在的问题、开展效果与改进措施等的看法。

（4）数理统计法。通过 Office Excel 2019 软件统计包对所有测试数据进行录入与数据清理，然后导入 IBM SPSS 26 软件统计包对所回收的有效数据进行统计分析。其中，对参与人数进行了频数和频率统计；对实验前后实验组和对照组学生的拍球、颠球、"8"字跑和发球分别进行了独立样本 t 检验；对实验后实验组受测大学生的拍球、颠球、"8"字跑和发球分别进行了双因素方差分析，并对存在"专业"主效应的变量进行了多重比较，为寻找不同专业大学生的差异及其主要影响因素提供了翔实、可靠的数据支持。

三、实验变量的选取及其控制

1. 实验变量的选取

本实验主要选取"干预""专业"和"性别"作为实验的处理变量和分类变量，进行独立样本 t 检验和双因素方差分析的实验设计。

（1）"干预"变量：分为实验组和对照组 2 个水平组，实验组实施 SEM 教学，对照组进行常态化教学。

（2）"专业"变量：分为财经、法学、管理、文学、新闻和信工 6 个水平组。

（3）"性别"变量：分为男和女 2 个水平组。

2. 实验效果测评指标的确定（具体参考标准见附录二）

（1）拍球和颠球。拍球和颠球是网球运动中非常重要的培养球感的技术，对初学者至关重要。根据网球运动项目的特点，可以根据学习者所面临的不同硬件设施条件选择不同的内容进行球感的练习，提升练习者的手眼协调能力以及对球的控制力。此外，拍球和颠球对自我判断及反应能力等综合素质的培养也有很大的帮助。

（2）发球。发球动作较复杂，在学习发球时，需循序渐进、由浅入深。练习者可以采用观摩、分解等方法进行练习，逐步按要领练习站位、持拍、抛球、后引拍、前挥拍球、随挥动作，然后再进行抛球、击球的完整组合动作的练习。发球分为上手发球和下手发球，由于本研究中的学生均为初学者，最终采用了较为简单的下手发球教学。

（3）"8"字跑。根据不同的赛制，网球比赛的时间长短不固定，但是一般来说都用时较长，需要运动员有良好的身体素质支撑其完成比赛。耐力（长时间比赛能力和从疲劳中恢复体能的能力）、速度（反应速度、快速启动和短距离冲刺能力）素质是全面掌握网球技战术的必备的身体素质。"8"字跑是网球运动中经常用到的一种用以进行专项素质训练的方式。本文以 1 分钟时间的"8"字跑训练学生的耐力、速度素质，男生的距离是 5.6 米（大约为双打场地边线与中线之间的距离）、女生的距离是4.2 米（大约为单打场地边线与中线之间的距离）。

四、实验步骤

本实验将 17 周的教学时间按照运动教育模式的赛季周期，依西藏民族大学教学学时实际情况分为前期准备、实验前测、学期比赛、实验后测四个阶段。整个教学实验的流程见图 7 - 1。

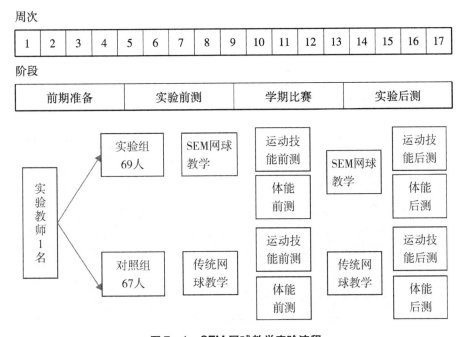

图 7 - 1　SEM 网球教学实验流程

1．前期准备

笔者负责制订实验的整体工作计划、实施流程和前后测试的相关资料与工具准备工作，并召集实验学生告知实验知情同意书的相关内容，强调参与的自愿性和保密性，指导学生根据自身实际情况填写知情同意书。

2．实验前测

分别对西藏民族大学 2021 级公共体育网球选修课的 4 个班级（2 个实验班级、2 个对照班级）进行网球拍球、颠球、发球和"8"字跑测试。其结果作为实验前的基础值，与实验后的同类指标数据进行比较。

3．SEM 网球教学实验（仅对实验组）

对实验组进行 SEM 网球教学，对照组进行传统网球教学。

实验组的 SEM 网球教学内容主要包括以下 5 个方面。

（1）教学目标：以培养实验组受测试大学生的拍球、颠球基本球性，发球基本技术以及"8"字跑的基本身体素质为主要目标。

（2）教学内容：开学后前 3～5 周以基本技术的练习为主，之后以赛季的形式进行团队或小组比赛等。

（3）教学组织：以学生为主体、教师引导为主开展教学，设置队员、裁判员、教练员与公告人员等角色，人人都有机会参与比赛、重视小组合作。

（4）教学方法与手段：力求在真实比赛中了解学生学习的基本情况，并且使所有受测试人员轮流担任不同角色，注重公平参与性和团队合作。

（5）教学评价：过程性评价和结果性评价相结合，二者所占比例为 6∶4，更注重学生的积极参与、团队协作。

4．实验后测

再次对实验前测中的所有指标进行重复测试，所测得的数据作为实验后测数据，并与实验前测结果进行独立样本 t 检验统计分析，验证 SEM 在西藏高校网球教学中的效果。

5．访谈研究

对参与 SEM 网球教学的部分学生进行访谈，了解他们对担任的角色、公平参与比赛过程的认知和体会，以探索 SEM 在网球教学中的效果及其成因。

6．实验教师在实验过程中所做的工作

（1）根据学生的学习情况以及场上出现的问题，思考如何将 SEM 有

效渗透到课堂中。

（2）进行课后反思，并记录课堂教学中实施 SEM 网球教学的亮点和出现的问题，并及时根据发现的问题调整 SEM 教学设计，并给出相应的措施。

第三节　高原网球教学借鉴运动教育模式的研究结果与分析

一、实验前各类数据的统计处理结果与分析

实验前实验组与对照组学生在拍球、颠球、"8"字跑和发球成绩方面均无显著性差异

独立样本 t 检验的结果表明（表 7 - 3），实验前男生在拍球（$t = 0.964$，$P > 0.05$）、颠球（$t = 0.354$，$P > 0.05$）、"8"字跑（$t = -0.242$，$P > 0.05$）和发球（$t = 1.351$，$P > 0.05$）的成绩方面均无显著性差异；女生在拍球（$t = -0.947$，$P > 0.05$）、颠球（$t = -0.832$，$P > 0.05$）、"8"字跑（$t = 0.355$，$P > 0.05$）和发球（$t = -1.697$，$P > 0.05$）的成绩方面也均无显著性差异。由此说明，实验前实验组与对照组男生和女生的拍球、颠球、发球和"8"字跑成绩均基本处于同一水平，可以进行比较。

表 7 - 3　实验前实验组和对照组学生的学习效果比较

性别	指标	组别	N	均值	标准差	t	P
男	拍球	实验组	31	105.29	28.75	0.964	0.341
		对照组	13	96.23	27.67		
	颠球	实验组	31	103.65	29.08	0.354	0.725
		对照组	13	99.77	41.65		
	"8"字跑	实验组	31	11.15	1.988	-0.242	0.81
		对照组	13	11.31	2.136		
	发球	实验组	31	3.52	1.029	1.351	0.184
		对照组	13	3.08	0.862		

续表7-3

性别	指标	组别	N	均值	标准差	t	P
女	拍球	实验组	38	75.92	19.71	-0.947	0.346
		对照组	54	80.46	26.25		
	颠球	实验组	38	80.5	34.28	-0.832	0.408
		对照组	54	86.22	31.16		
	"8"字跑	实验组	38	10.76	2.292	0.355	0.724
		对照组	54	10.6	2.041		
	发球	实验组	38	2.68	1.358	-1.697	0.093
		对照组	54	3.13	1.15		

二、实验后各类数据的统计处理结果与分析

根据预先的实验设计，本部分研究以"干预"作为实验变量，对实验组和对照组的男女大学生的拍球、颠球、发球和"8"字跑成绩分别进行独立样本 t 检验分析，以比较其在教学实验前后的变化。

1. 实验后，实验组男生除"8"字跑外，其余各指标间均存在显著性差异，且实验组男生各指标得分均明显高于对照组

将实验后实验组与对照组男生的拍球、颠球、发球和"8"字跑成绩进行独立样本 t 检验，结果表明（表7-4），除了"8"字跑成绩（$t=1.648$，$P>0.05$）以外，其他各指标的成绩均存在显著的组别差异，且从成绩的均值来看，实验组男生的拍球（$t=3.85$，$P<0.05$）、颠球（$t=2.871$，$P<0.05$）和发球（$t=3.219$，$P<0.05$）的成绩均优于对照组。这说明 SEM 在网球教学中能够促进男大学生拍球、颠球的基本球性和发球的基本技术发展。这与陈熙梁和王彦硕士学位论文的研究结果认为 SEM 对被试者基本技战术、一般体能等方面均有显著的提升作用基本一致的。[1][2]

---

[1] 陈熙梁：《"运动教育模式"在高校公共体育羽毛球教学中的实证研究》（硕士学位论文），云南师范大学，2018年。

[2] 王彦：《运动教育模式在高中羽毛球教学中的实验研究》（硕士学位论文），华东师范大学，2022年。

2. 实验后实验组女生各指标的得分均明显高于对照组

独立样本 t 检验结果表明（表7-4），实验后实验组女生的拍球（$t=4.026$，$P<0.05$）、颠球（$t=2.762$，$P<0.05$）、"8"字跑（$t=3.914$，$P<0.05$）和发球（$t=2.15$，$P<0.05$）的成绩均显著高于对照组。这说明 SEM 在网球教学中能够有效促进女大学生的拍球和颠球的基本球性以及发球的基本技术和"8"字跑的基本身体素质的发展。

表7-4　实验后实验组与对照组学生的学习效果比较

性别	指标	组别	N	均值	标准差	t	P
男	拍球	实验组	31	143.35	36.14	3.85	0.000
		对照组	13	100.54	26.46		
	颠球	实验组	31	135.65	31.06	2.871	0.006
		对照组	13	103.85	39		
	"8"字跑	实验组	31	12.6	1.186	1.648	0.107
		对照组	13	11.77	2.137		
	发球	实验组	31	6.19	0.792	3.219	0.006
		对照组	13	4.69	1.601		
女	拍球	实验组	38	108.03	27.1	4.026	0.000
		对照组	54	86.06	24.8		
	颠球	实验组	38	103.45	22.08	2.762	0.007
		对照组	54	88.63	27.38		
	"8"字跑	实验组	38	12.39	1.311	3.914	0.000
		对照组	54	11.06	1.948		
	发球	实验组	38	5.76	0.883	2.15	0.034
		对照组	54	5.19	1.672		

注：$P>0.05$ 表示无显著性差异，$P<0.05$ 表示有显著性差异。

三、实验后各类数据性别与专业的双因素方差分析

根据之前的研究设计，本部分研究以"专业"与"性别"作为实验

处理因子①，对男生和女生的拍球、颠球、发球和"8"字跑成绩进行双因素方差分析。

1. 实验后实验组大学生拍球成绩存在显著的"性别"主效应、"专业"主效应和"性别×专业"交互效应

表 7 - 5 中的双因素方差分析结果表明，所测大学生拍球成绩存在显著的"性别"（$F = 25.556$，$P < 0.05$）主效应、"专业"（$F = 5.195$，$P < 0.05$）主效应和"性别×专业"（$F = 3.669$，$P < 0.05$）交互效应（图 7 - 2），这说明"性别""专业"和"性别×专业"是影响实验后所测大学生拍球成绩的重要因素。这可能和不同专业特点、不同学院的运动氛围有关。具体来说，管理学院男女生人数比例比较协调，运动氛围可能好于其他专业；新闻学院的学生女生多男生少，可能运动氛围不太浓厚，且多数学生在课后要进行节目排演等，较少进行身体锻炼，所以体育项目学习效果较其他专业差；信工学院原来是体育运动氛围浓厚的院系，但是近年来，体育教师们均认为此专业学生的体育运动氛围减弱，综合素质有下降趋势。对实验后不同专业实验组大学生的拍球成绩的平均数多重比较发现（表 7 - 6），管理学院的大学生拍球水平明显高于信工学院的大学生（$\overline{X}_{管理} - \overline{X}_{信工} = 27.83$，$P < 0.05$）。

表 7 - 5　实验后所测男女大学生拍球成绩的双因素方差分析

变异来源	离差平方和	df	均方差	F	P
校正模型	36938.959	5	7387.792	9.178	0.000
截距	913817.478	1	913817.478	1135.304	0.000
性别	20570.623	1	20570.623	25.556	0.000
专业	8363.453	2	4181.727	5.195	0.008
性别×专业	5906.908	2	2953.454	3.669	0.031
误差	50709.331	63	804.91		
总计	1146857	69			
校正的总计	87648.29	68			

注：$P < 0.05$ 表示有显著性差异，$P < 0.05$ 表示无显著性差异。

---

① 此处仅研究实验后的大学生拍球、颠球、发球和"8"字跑的专业、性别差异，故没有"实验时间"因子。

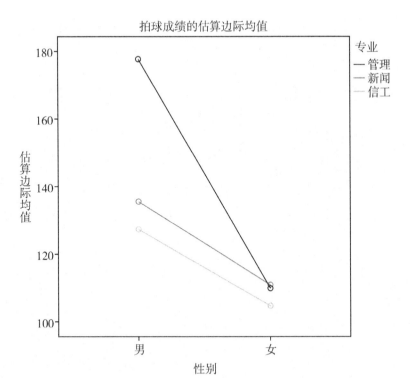

图 7 - 2　实验后实验组不同性别各专业大学生拍球成绩变化

表 7 - 6　实验后所测不同专业大学生拍球成绩的平均数多重比较

各专业均值	$\overline{X}_i - 116.059$	$\overline{X}_i - 123.336$
$\overline{X}_{管理} = 143.889$	27.83^*（$P = 0.006$）	20.553（$P = 0.15$）
$\overline{X}_{新闻} = 123.336$	7.277（$P = 1.000$）	
$\overline{X}_{信工} = 116.059$		

注：*表示 $P < 0.05$。

进一步对拍球成绩的"性别"主效应进行分析发现（表 7 - 7 和图 7 - 3），从均值来看，除新闻专业大学生外，实验后实验组管理专业（$t_{男女生拍球成绩} = 5.499$，$P < 0.05$）和信工专业（$t_{男女生拍球成绩} = 2.608$，$P < 0.05$）男大学生的拍球水平均显著高于女大学生。

表7－7 实验后实验组各专业男女大学生拍球成绩比较

专业	性别	N	均值	标准差	t	P
管理	男	9	177.78	27.335	5.499	0.000*
	女	7	110	19.992		
新闻	男	5	135.6	30.509	1.317	0.205
	女	14	111.07	37.199		
信工	男	17	127.41	29.781	2.608	0.014
	女	17	104.71	20.049		

注：*表示 $P<0.05$。

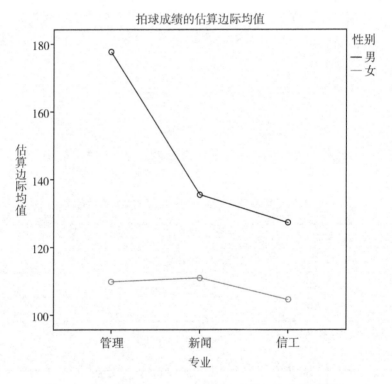

图7－3 实验后实验组不同专业男女大学生拍球成绩变化

2. 实验后实验组大学生颠球水平存在显著的"性别"主效应

实验后所测男女大学生颠球成绩的双因素方差分析结果表明

（表7-8），所测大学生颠球成绩存在显著的"性别"（$F = 16.963$，$P < 0.05$）主效应，但是不存在显著的"专业"（$F = 0.256$，$P > 0.05$）主效应和"性别×专业"（$F = 1.405$，$P > 0.05$）交互效应。这说明"性别"是实验后所测男女大学生颠球成绩的影响因素。

表7-8 实验后所测男女大学生颠球成绩的双因素方差分析

变异来源	离差平方和	df	均方差	F	P
校正模型	19884.124a	5	3976.825	5.594	0.000
截距	783690.327	1	783690.327	1102.376	0.000
性别	12059.29	1	12059.29	16.963	0.000
专业	363.685	2	181.843	0.256	0.775
性别 × 专业	1998.131	2	999.066	1.405	0.253
误差	44787.355	63	710.91		
总计	1024012	69			
校正的总计	64671.478	68			

进一步对颠球成绩的"性别"主效应进行分析发现（表7-9和图7-4），从均值来看，除新闻专业大学生外，实验后实验组管理专业（$t_{男女生颠球成绩} = 3.241$，$P < 0.05$）和信工专业（$t_{男女生颠球成绩} = 3.796$，$P < 0.05$）男大学生的颠球成绩均显著优于女生。

表7-9 实验后实验组各专业男女大学生颠球成绩比较

专业	性别	N	均值	标准差	t	P
管理	男	9	141	20.863	3.241	0.007
	女	7	102.71	25.263		
新闻	男	5	120.8	23.868	0.921	0.37
	女	14	109.14	24.438		
信工	男	17	137.18	36.896	3.796	0.001
	女	17	99.06	18.797		

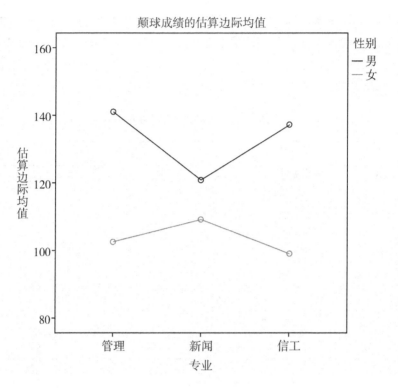

图7-4　实验后实验组不同专业男女大学生颠球成绩变化

3. 实验后实验组大学生发球成绩不存在显著的"性别"主效应、"专业"主效应和"性别×专业"交互效应

实验后所测男女大学生发球成绩的双因素方差分析结果表明（表7-10），所测大学生发球成绩不存在显著的"性别"（$F = 2.402$，$P > 0.05$）主效应、"专业"（$F = 0.961$，$P > 0.05$）主效应和"性别×专业"（$F = 0.812$，$P > 0.05$）交互效应。这说明"性别""专业"和"性别×专业"不是实验后所测男女大学生发球成绩的影响因素。

表7-10　实验后所测男女大学生发球成绩的双因素方差分析

变异来源	离差平方和	df	均方差	F	P
校正模型	6.056a	5	1.211	1.703	0.147
截距	2032.145	1	2032.145	2856.84	0

续表 7 - 10

变异来源	离差平方和	df	均方差	F	P
性别	1.709	1	1.709	2.402	0.126
专业	1.367	2	0.684	0.961	0.388
性别×专业	1.155	2	0.577	0.812	0.449
误差	44.814	63	0.711		
总计	2499	69			
校正的总计	50.87	68			

4. 实验后实验组大学生"8"字跑成绩不存在显著的"性别"主效应、"专业"主效应和"性别×专业"交互效应

实验后所测男女大学生"8"字跑成绩的双因素方差分析结果表明（表 7 - 11），所测大学生"8"字跑成绩不存在显著的"性别"（$F = 0.404$，$P > 0.05$）主效应、"专业"（$F = 0.765$，$P > 0.05$）主效应和"性别×专业"（$F = 0.672$，$P > 0.05$）交互效应。这说明"性别""专业"和"性别×专业"不是实验后所测男女大学生"8"字跑成绩的影响因素。

表 7 - 11　实验后所测男女大学生"8"字跑成绩的双因素方差分析

变异来源	离差平方和	df	均方差	F	P
校正模型	6.449a	5	1.29	0.812	0.545
截距	8768.958	1	8768.958	5522.416	0
性别	0.642	1	0.642	0.404	0.527
专业	2.43	2	1.215	0.765	0.47
性别×专业	2.134	2	1.067	0.672	0.514
误差	100.037	63	1.588		
总计	10862.75	69			
校正的总计	106.486	68			

通过分析上述研究结果发现，SEM 在西藏高校网球教学中，对所测试男女大学生的拍球和颠球成绩产生的影响明显，且均是对各专业大学男生

的影响比女生更为显著；同时，实验组实验后所测试大学生的拍球、颠球、发球和"8"字跑的成绩均值均高于对照组。上述结果综合说明 SEM 教学对所测试大学生的网球基本技术和基本身体素质有明显影响，尤其是对他们的拍球和颠球成绩的影响具有统计学意义，值得进一步大规模推广验证。

我们知道，体育运动技术或者是身体素质的发展是需要经过长时间的练习的，而不仅仅是通过看或者听就能提升的。尤其是运动技能要经过泛化、分化、巩固、自动化四个阶段才能学会。没有经过一定时间的实操、演练，高质量发展也就无从谈起。网球运动被称为除足球运动之外的世界第二大球类运动，与高尔夫、保龄球、台球合称为"世界四大绅士运动"。[①] 该项目集健身娱乐、陶冶情操、丰富生活、促进身心发展于一体。西藏高海拔的农牧区没有网球运动场地等相关设施，就连内地较发达地区，也不是每个小区或者是每个村落都建有网球场，所以学生基本是在运动教育模式的理念的指引下，在教师的组织下，自己在家、在云端虚拟打球。用于拍球和颠球的网球与球拍，是师生共同研讨决定自制的，网球拍是以羽毛球拍、木制拍或者是纸板剪制而成的拍子代替，所以比较容易培养拍球和颠球的手感与击球意识。尽管所测试大学生的拍球和颠球水平没有显著变化，但是我们知道，这两项技术属于基本的技术。发球是网球运动中唯一不受对方制约而主动向对方发起进攻的技术，因为发球时运动员参与活动的身体部位较多，动作幅度较大，需要身体的协调程度较高，且还受情绪、握拍方式、准备动作、抛球的方法、抛球的位置和抛球的高度等动作要领影响，所以是比较难以掌握的一项基本技术。[②] 通过对所测试大学生的访谈发现，他们对 SEM 更感兴趣，认为在 SEM 教学过程中不仅能够锻炼身体，还能在玩耍过程中提高运动技能，同时深入了解网球运动项目的文化内涵，更关键的是增加了来自不同专业学生组成的新班级的团队凝聚力、团结协作精神等，因此，SEM 应用于网球教学是值得进一步推广的。

---

① 参见吴松伟《网球运动简明教程》，知识产权出版社 2016 年版，第 1 页。
② 参见吴松伟《网球运动简明教程》，知识产权出版社 2016 年版，第 83 – 85 页。

第四节　高原网球教学借鉴运动教育模式的结论与建议

一、结论

（1）SEM更关注全员平等参与、团队合作与运动能力的培养，在教学内容、教学方法、教学手段与教学组织等方面更强调在比赛和多样化情景中的应用，有效激发了大学生的网球运动学习兴趣，提高了其基本技术练习水平，但在身体素质和教学评价方面有待改善。

（2）在SEM网球教学改革实验中，所测试学生的拍球、颠球、发球和"8"字跑成绩均优于传统网线教学的学生。且拍球水平的提高有明显的"性别"主效应、"专业"主效应、"专业与性别"交互效应，具体表现在：全面有效提高了管理、新闻和信工专业大学生的拍球水平，且男生的成绩明显好于女生。颠球水平的提高则有明显的"性别"主效应，具体表现在：全面有效提高了管理、新闻和信工专业大学生的颠球水平，且男生的成绩明显好于女生。这可能既与实验组教师的教学行为有关，又与学生线上线下教学实践参与、缺乏器械体验、教师临场指导有关。

（3）在SEM网球教学改革实验中，所测试大学生的拍球水平的提高有显著的"性别"主效应、"专业"主效应、"专业与性别"交互效应；颠球水平的提高存在显著的"性别"主效应；发球和"8"字跑水平的提高均不存在明显的性别主效应、"专业"主效应以及"性别与专业"的交互效应。这与所测试大学生参与线下教学的时间、有无充分使用网球运动相关场地器械设施及个人对网球运动项目的认知水平密切相关。

二、建议

（1）在SEM教学过程中，虽然网球比赛有助于激发大学生参与的积极性，加强其自主控制球的能力，从而增提升其拍球和颠球水平，但是应避免因过度比赛、过度注重学生自主发展而忽视必须掌握的基本技术、技能的教授；同时，教师要关注大学生身体素质的发展，这也是体育教学不容忽视的目标。

（2）在 SEM 教学过程中，教师应根据不同专业、不同性别大学生的发球水平和"8"字跑水平发展的不同，结合其技术特点采取有针对性的教学措施。

参 考 文 献

一、中文部分

[1] 阿斯亚·阿西木，刘艳，何志凡. 成都市中小学日常生活身体活动情况 [J]. 中国学校卫生，2013，34（6）：677-679.

[2] 白光斌，高鹏飞，张超. 体育运动对心理健康的干预与影响机制研究 [J]. 西安文理学院学报，2011，1（1）：117-121.

[3] 白晋湘，郑健. 民族传统体育助力"人与自然和谐共生"的内涵阐释及实现路径 [J]. 天津体育学院学报，2022，37（6）：638-643.

[4] 保宏翔，陈竺，王东勇. 不同海拔高度军人认知神经心理功能实验研究 [J]. 西北国防医学杂志，2013，34（4）：310-312.

[5] 鲍宗豪，赵晓红. 健康中国研究报告 [M]. 上海：东方出版中心，2019.

[6] 才果. 青海藏族大学新生心理健康状况比较研究 [J]. 民族教育研究，2013，24（3）：47-52.

[7] 曾海，张颖，刘安清，等. 当代体育课程个人与社会责任模式（TPSR）的发展解析 [J]. 北京体育大学学报，2016，39（1）：89-95.

[8] 陈琦，刘儒德. 当代教育心理学 [M]. 2 版. 北京：北京师范大学出版社，2012.

[9] 陈林会，邹玉玲，宋昱，等. 江苏省中小学生体力活动及影响因素研究 [J]. 体育成人教育学刊，2011，27（4）：92-94.

[10] 陈鹏飞. 世居西藏高原地区藏族大学生体质特征的研究 [D]. 西安：西安体育学院，2016.

[11] 陈祁罕. 初中学生体育核心素养体系及培养路径 [J]. 教育评论，2017（6）：133-136.

[12] 陈熙梁. "运动教育模式"在高校公共体育羽毛球教学中的实证研

究 [D]. 昆明：云南师范大学，2018.

[13] 陈新富，刘静，邱丕相. 太极拳运动对中老年女性心理健康的影响 [J]. 上海体育学院学报，2005，29（5）：79－82.

[14] 陈雁飞. 运动教育模式对学校体育课程改革的启示 [J]. 体育学刊，2005，12（3）：92－94.

[15] 陈玉群. 体育教学改革与发展历程的动态研究 [M]. 北京：光明日报出版社，2016.

[16] 次仁卓玛，张浩天，玉珍，等. 西藏四个不同海拔地区世居藏族居民体质指数现况分析 [J]. 高原科学研究，2021，5（1）：76－81.

[17] 崔超英，祁学斌，欧珠罗布，等. 青藏高原史前人类定居历史与藏族人群对高原低氧环境的适应机制 [J]. 高原科学研究，2017，1（1）：76－82.

[18] 崔乐泉. 中国式现代化与体育强国建设的中国模式 [J]. 首都体育学院学报，2022，34（6）：592－601.

[19] 戴圣婷，杨剑，刘伟，等. 中国锻炼心理学研究演进的可视化分析 [J]. 武汉体育学院学报，2018，52（7）：75－81.

[20] 《党的十八届三中全会〈决定〉学习辅导百问》编写组. 党的十八届三中全会《决定》学习辅导百问 [M]. 北京：学习出版社，2013.

[21] 党林秀. 基于学生全面发展的体育教学方式理论与实践研究 [D]. 上海：华东师范大学，2017.

[22] 邓蔚林，殷丹. 乒乓球选项课引入运动教育模式的实验研究 [J]. 教育导刊，2011（10）：29－32.

[23] 翟晓艳，张琨，井朋，等. 新型冠状病毒肺炎疫情防控期间大学生心理状态及其应对方式的调查与分析 [J]. 中华医学教育杂志，2022，42（12）：1093－1097.

[24] 董翠香，茹佳，季浏. 体育强国视阈下中国学校体育发展方式探究 [J]. 北京体育大学学报，2011，34（11）：88－92.

[25] 董宏. 静坐少动中年女性身体活动与心肺耐力和心血管健康的量效关系 [D]. 北京：北京体育大学，2017.

[26] 董彦会，刘慧彬，王政和，等. 2005—2014年中国7—18岁儿童青少年近视流行状况与变化趋势 [J]. 中华预防医学杂志，2017，51

（4）：285 - 289.

[27] 杜晓燕. 藏族与汉族儿童少年生长发育及影响因素 [D]. 郑州：郑州大学，2011.

[28] 樊辉娟，高芬. 世居青藏高原的藏族与汉族健康男性青少年心肺功能比较 [J]. 中国老年医学杂志，2015，35（20）：5928 - 5929.

[29] 樊启学，阳家鹏. 学生体质水平与学业成绩关系的实证研究 [J]. 广州体育学院学报，2018，38（3）：120 - 124，128.

[30] 樊蓉芸. 高原成年人的体育锻炼行为趋向 [J]. 中国组织工程研究与临床康复，2009，13（33）：6544 - 6548.

[31] 樊泽民，刘立京，张伟，等. 教育部落实《综合防控儿童青少年近视实施方案》进展综述 [J]. 中国学校卫生，2019，40（10）：1449 - 1452.

[32] 范静，刘晓蕾，张禹，等. 健身气功对中度帕金森病患者心境状态和认知的影响 [J]. 中国运动医学杂志，2017，36（2）：143 - 146.

[33] 方慧. 体力活动研究的热点与走向：学术论坛综述 [J]. 体育与科学，2018，39（4）：8 - 14.

[34] 高承海. 中华民族共同体意识：内涵、意义与铸牢策略 [J]. 西南民族大学学报（人文社会科学版），2019，40（12）：24 - 30.

[35] 高航，章荣江，高嵘. 当代运动教育模式 [J]. 体育科学，2005，25（6）：69 - 83，86.

[36] 高欢. 低氧及高原耐力训练对超重和肥胖青少年身体成分、静息代谢和运动能力的影响 [D]. 上海：上海体育学院，2013.

[37] 高会娜. 运动处方对藏族大学生心理健康干预的研究 [J]. 品牌研究，2015（11）：255.

[38] 高继科，田国祥，赵富学，等. 环境学理论视野下甘肃藏区高原群众体育锻炼研究 [J]. 成都体育学院学报，2015，41（6）：28 - 33.

[39] 高嵘，杨慈州，张建华，等. 当代运动教育探讨 [J]. 北京体育大学学报，2006，29（7）：969 - 971.

[40] 高泳. 我国青少年体育参与动力机制研究 [D]. 北京：北京体育大学，2013.

[41] 耿献伟，杨建军，李侠功. 藏族与汉族大学生吸烟情况比较 [J]. 中国学校卫生，2011，32（6）：705 - 706.

［42］古格·其美多吉. 西藏地理［M］. 北京：北京师范大学出版社，2013.

［43］关北光. 四川省不同海拔六市（州）成年人体质研究［J］. 北京体育大学学报，2006（11）：1518－1519.

［44］郭慧芳，陶光华，耿献伟. 西藏地区藏族和汉族乡村大学生体质健康状况比较［J］. 中国学校卫生，2020，41（5）：786－788.

［45］郭慧芳. 藏族大学生体质健康状况分析：以西藏民族大学为例［J］. 西藏民族大学学报（哲学社会科学版），2022，43（3）：128－133.

［46］郭慧芳. 藏族高校学生2013与2017年体质健康比较［J］. 中国学校卫生，2018，39（11）：1726－1729.

［47］郭慧芳. 西藏高校藏汉族学生体质健康现况比较［J］. 中国学校卫生，2019，40（10）：1526－1528.

［48］郭珺萍，马力扬，冷操. 藏族大学生心理健康状况分析［J］. 西北民族大学学报（自然科学版），2011，12（4）：90－92.

［49］郭雷，董光辉，韩屹，等. 沈阳市和平区中小学生视力不良状况及近视危险因素分析［J］. 中国医科大学学报，2016，45（2）：110－115.

［50］郭强，汪晓赞，蒋健保. 我国儿童青少年身体活动与久坐行为模式特征的研究［J］. 体育科学，2017，37（7）：17－29.

［51］郭强，汪晓赞. 儿童青少年身体活动与久坐行为研究［M］. 上海：上海交通大学出版社，2019.

［52］郭强. 中国儿童青少年身体活动水平及其影响因素的研究［D］. 上海：华东师范大学，2016.

［53］郭亚文，姜庆五，罗春燕. 上海市静安区中学生闲暇生活分析［J］. 中国学校卫生，2015，36（3）：43－45.

［54］郭颖，余梓东. 大学生中华民族共同体意识培育研究［J］. 学校党建与思想教育，2020，637（22）：68－70.

［55］国家体育总局. 2014年全民健身活动状况调查公报［EB/OL］.（2015－11－16）［2023－08－12］. http://www. sport. gov. cn/n16/n1077/n297454/7299833. html.

［56］国家卫生健康委员会，教育部，财政部. 2018年全国儿童青少年近视调查［EB/OL］.（2019－04－29）［2023－08－12］. http://

www. nhc. gov. cn/xcs/s7847/201904/e9117ea8b6b84f48962e84401d
305292. shtml.

［57］国务院第七次全国人口普查领导小组办公室. 2020 年第七次全国人
口普查主要数据［M］. 北京：中国统计出版社，2021.

［58］韩慧，郑家鲲. 西方国家青少年体力活动相关研究述评：基于社会
生态学视角的分析［J］. 体育科学，2016，36（5）：62－70，77.

［59］郝家春，龚观. 新中国70 年民族传统体育学科回望与前瞻［J］. 民
族教育研究，2020，31（2）：104－111.

［60］郝乌春，牛亮星，关浩. 新时代背景下高校体育教学改革与发展研
究［M］. 北京：中国商业出版社，2021.

［61］郝无迪，曹玥，徐玲，等. 辽中县小学生近视流行现状及影响因素
分析［J］. 中国卫生统计，2019，36（5）：695－697.

［62］何江，余伍忠，高晓康，等. 不同海拔高原男性军人焦虑、抑郁及
个性特征调查［J］. 西南国防医药，2013，23（3）：349－350.

［63］何仲恺，钱铭怡，杨寅，等. 运动态度和锻炼坚持性对大学生心理
健康的影响［J］. 体育科学，2007，27（6）：39－44.

［64］贺伟. 运动教育模式的内涵、优势及启示［J］教学与管理，2013，
6（20）：109－121.

［65］贺玉强. 体育锻炼增进心理健康［J］. 养生大世界，2007，48
（10）：12－16.

［66］侯剑华. 基于引文出版年光谱的引文分析理论历史根源探测［J］.
情报学报，2017，36（2）：132－140.

［67］侯瑞鹤，俞国良. 情绪调节理论：心理健康角度的考察［J］. 心理
科学进展，2006，14（3）：39－42.

［68］呼亚玲. 建构主义理论对高职英语教学的启示［J］. 教育与职业，
2011（2）：110－111.

［69］胡建忠，周健生，饶平. 高原地区人群体质监测结果及研究［J］.
体育科学，2004（9）：63－66.

［70］胡锦涛. 在全国优秀教师代表座谈会上的讲话［EB/OL］（2007－
08－31）［2023－07－15］. http://www. gov. cn/ldhd/2007－08/31/
content_733340. htm.

［71］华东师范大学课程与教学研究所. PISA 之父讲座实录：数据告诉我

们，学校可以办得更好 ［EB/OL］. （2017 – 12 – 02）［2023 – 08 – 31］. http://mp. weixin. qq. com/s/22hI – EyORPEtM4bZm_5q0g.

［72］黄徐根，徐建方，冯连世. 低氧暴露及低氧训练对体重的影响 ［J］. 体育科学，2006（3）：86 – 93，96.

［73］黄学诚，陆思瑾，吕磊. 云贵高原不同海拔地区成年女性体质状况比较研究 ［J］. 体育研究与教育，2012，27（S2）：200 – 201.

［74］黄雅君，王香生. 香港小学生体力活动水平的评价：问卷的信度与效度研究 ［C］//中国体育科学学会·第八届全国体育科学大会论文摘要汇编. 北京，2007.

［75］黄郁玲，李国峰，李鸿娟，等. 有氧运动对高海拔地区健康老年人心率变异性的影响 ［J］. 中华老年医学杂志，2018，37（3）：255 – 259.

［76］黄正平. 关于班主任专业化的思考 ［J］. 中国教育学刊，2008（2）：41 – 44.

［77］黄志剑，姒刚彦. 活动类型和强度对大学男生心境变化影响的研究 ［J］. 体育科学，1997，17（5）：80 – 84.

［78］活力健康儿童全球联盟. 儿童青少年身体活动评价体系指标含义及评价方法 ［EB/OL］. （2016 – 07 – 06）［2023 – 08 – 12］. http// www. activehealthykids. org/coreindicatorsandbenchamarks.

［79］季成叶. 儿童肥胖流行和肥胖易感环境 ［J］. 中国学校卫生，2006，27（6）：464 – 466.

［80］季成叶. 生长发育一般规律及调查方法与评价 ［J］. 中国学校卫生，2000，21（1）：77 – 78.

［81］季浏，李林，汪晓赞. 身体锻炼对心理健康的影响 ［J］. 山东体育学院学报，1998（1）：38 – 43.

［82］季浏，钟秉枢. 普通高中体育与健康课程标准（2017 年版）解读 ［M］. 北京：高等教育出版社，2018.

［83］季浏. 课堂教学是培养学科核心素养的主渠道：《课程标准（2017 年版）》关于课堂教学建议的解读 ［J］. 中国学校体育，2018（9）：8 – 12.

［84］季浏. 我国《普通高中体育与健康课程标准（2017 年版）》解读 ［J］. 体育科学，2018（2）：3 – 20.

［85］季浏. 新版义教课标：构建以核心素养为纲的体育与健康课程体系
［J］. 上海体育学院学报，2022，46（6）：1-9.

［86］季浏. 学科核心素养下中国健康体育课程模式的理论与实践：第四
届全国学校体育联盟（体育教育）大会主题报告摘登［J］. 体育教
学，2018（1）：6-9.

［87］季浏. 中国健康体育课程模式的思考与构建［J］. 北京体育大学学
报，2015，38（9）：72-80.

［88］季浏. 体育锻炼与心理健康［M］. 上海：华东师范大学出版
社，2005.

［89］江苏省体育局. 2022"一带一路"青年体育交流周（江苏）在宁开
幕［EB/OL］.（2022-07-15）［2023-08-12］. https://www.
sport. gov. cn/n20001280/n20067558/c24492629/content. html.

［90］蒋文静，祖力亚提·司马义. 学校铸牢中华民族共同体意识的逻辑
层次及实践路径［J］. 民族教育研究，2020，31（1）：13-21.

［91］揭光泽，付爱丽. 赛前急性减体重对少年体校运动员心境状态及应
激水平影响［J］. 首都体育学院学报，2014，26（6）：522-
525，529.

［92］决胜全面建成小康社会夺取新时代中国特色社会主义伟大胜利
［N］. 人民日报，2017-10-19.

［93］康育文，康湘文. 内地某高校藏族大学生心理适应现状分析［J］.
中国学校卫生，2009，30（8）：750-751.

［94］柯平，贾东琴. 2001—2010年国外信息管理研究进展：基于相关文
献的计量分析和内容分析［J］. 中国图书馆学报，2011，37（5）：
61-74.

［95］拉巴片多，孙舒瑶，索朗片多，等. 日喀则地区藏族成年人的血压、
血糖、血脂与肥胖的关系［J］. 华西医学，2018，33（5）：
532-536.

［96］李斌，程卫波，赵发田，等. 基础教育体育与健康课程改革：制度
逻辑、实施行为与推进策略：基于组织新制度主义的解释［J］. 北
京体育大学学报，2019，42（6）：65-77.

［97］李春燕，王泽飞，姜涛，等. 杭州市小学生视力低下及屈光不正现
况调查［J］. 浙江预防医学，2012，24（5）：6-10.

[98] 李海燕, 陈佩杰, 庄洁. 运动传感器（SWA）在测量青少年日常体力活动水平中的应用 [C] //全民健身科学大会论文摘要集, 2010.

[99] 李海燕. 上海市青少年日常体力活动测量方法的研究与运用 [D]. 上海：上海体育学院, 2010.

[100] 李洪梅. 肥胖的诊断和治疗 [J]. 中国临床医生, 2003, 31 (3)：2-3.

[101] 李鸿宜, 钱章铨, 何立, 等. 西安某高校 2005—2018 年新生体质状况 [J]. 中国学校卫生, 2021, 42 (2)：299-301.

[102] 李建华, 张乾, 张扬. 西双版纳傣族自治州青少年儿童斜弱视的流行病学调查 [J]. 国际眼科杂志, 2019, 19 (2)：302-306.

[103] 李晶晶, 吴旭龙, 杨淼, 等. 青少年身体活动的行为干预研究进展 [J]. 中国儿童保健杂志, 2015, 23 (4)：377-378, 382.

[104] 李娜. 大学生抑郁情绪与体育锻炼干预实验 [J]. 体育学刊, 2001, 8 (4)：32-33.

[105] 李滔, 王秀峰. 健康中国的内涵与实现路径 [J]. 卫生经济研究, 2016 (1)：4-10.

[106] 李响. 体育锻炼对心理健康的效应分析 [J]. 辽宁教育行政学院学报, 2006 (8)：132-133.

[107] 李小刚. 美国运动教育模式本土化研究 [J]. 体育文化导刊, 2017 (5)：161-165.

[108] 李玉周, 尹继鑫, 张戈. "体质"到"健康促进"：我国学生体质研究的热点嬗变 [J]. 沈阳体育学院学报, 2019, 38 (1)：94-100.

[109] 梁浩材. 社会医学 [M]. 长沙：湖南科学技术出版社, 1999.

[110] 林凯, 吴燕, 张硕, 等. 高原低氧环境部队官兵精子质量研究 [J]. 军医进修学院学报, 2011, 32 (7)：698-700.

[111] 林闻凯. 广州大学城高校工会体育活动开展状况调查分析 [J]. 体育学刊, 2014 (4)：54-57.

[112] 《林芝县志》编纂委员会. 林芝县志 [M]. 北京：中国藏学出版社, 2014.

[113] 刘丹, 李梅, 王玉娥, 等. 中等高度海拔低氧环境对健康成人血糖、血脂谱及甲状腺激素水平的影响 [J]. 中国病理生理杂志, 2019, 35 (9)：1683-1688.

［114］刘扶民，杨桦．中国青少年体育发展报告（2016）［M］．北京：社会科学文献出版社，2017．

［115］刘海军，刘刚，裴刚辉．基于素质教育导向的高校体育教学方法、模式改革理论与实践［M］．北京：中国纺织出版社，2019．

［116］刘海平，胡杨，田野，等．HiHiLo与LoHi两种低氧训练效果的比较研究［J］．体育科学，2006，26（4）：70－77．

［117］刘海平．中日竞走运动员高原训练期间递增负荷运动实验和运动能力的研究［J］．北京体育大学学报，1997，20（1）：70－77．

［118］刘万江．迈向第三极：认识西藏［M］．北京：中国方正出版社，2005．

［119］刘星亮，孟思进．运动干预对增强青少年体质与健康的效果［J］．广州体育学院学报，2016，36（1）：19－22．

［120］刘砚青．中国肥胖报告：3亿以上国民超重［N］．瞭望新闻周刊，2015－04－07．

［121］刘杨．刘延东在全国学校体育工作座谈会上强调：凝心聚力开拓进取推动学校体育工作再上新水平［EB/OL］．（2017－09－04）［2023－08－11］．http://www.gov.cn/guowuyuan/2017－09/04/content_5222623.htm.

［122］刘远明．健康价值、行为与责任［M］．北京：中国广播电视出版社，2009．

［123］龙卿志．西藏自治区在校大学生心理健康状况调查研究［J］．中国健康心理学杂志，2008（12）：1321－1322．

［124］隆敏，覃军，黄岚，等．不同海拔健康青年男性心率变异性对比分析［J］．生物医学工程学杂志，2006，23（6）：1195－1197．

［125］陆作生，吕菊，董翠香．对我国体育教学目标人文性的思考［J］．北京体育大学学报，2003（2）：157－159．

［126］罗晓路．大学生心理健康教育的现状与对策［J］．教育研究，2018，39（1）：112－118．

［127］谢泼德．体力活动与衰老［M］．陶心铭，王步标，朱冠枏，等译．北京：人民体育出版社，1987．

［128］马慧，杨超，刘娜，等．大学生抑郁症状与人格特征及应对方式的关系研究［J］．中国健康教育，2019，35（2）：179－181，191．

［129］马全福，袁延年，罗莉，等. 高原低氧应激对肾脏的影响［J］. 中华实验外科杂志，2009，26（8）：1057－1058.

［130］马蕊，贾志强. 中国部分少数民族中小学生视力不良流行特征分析［J］. 中国公共卫生，2019，35（5）：529－533.

［131］马校军，徐刚，王安利，等. 中国女子皮艇队运动员高住低训期间身体机能变化分析［J］. 中国运动医学杂志，2010，29（2）：149－152，148.

［132］毛泽东. 体育之研究［M］. 北京：人民体育出版社，1979.

［133］毛泽东. 毛泽东选集［M］. 3卷. 北京：人民出版社，1996.

［134］倪莉. 基于知识图谱的我国体育资源配置研究：发展动态与热点问题［J］. 沈阳体育学院学报，2019，38（1）：67－73，87.

［135］潘建平，王飞，张华，等. 中国城市3～17岁儿童青少年忽视状况［J］. 中华预防医学杂志，2012，46（1）：259－261.

［136］裴益民. 对西北民族大学藏族学生体质健康的调查与分析［J］. 长春教育学院学报，2013，29（4）：28－44.

［137］彭莉. 运动干预学生体质健康的理论与实践［M］. 重庆：西南师范大学出版社，2016.

［138］彭尚源. 少数民族大学生的中华民族共同体意识培育途径研究［J］. 民族学刊，2020，11（1）：8－13.

［139］戚伟，刘盛和，周亮. 青藏高原人口地域分异规律及"胡焕庸线"思想应用［J］. 地理学报，2020，75（2）：255－267.

［140］钱美玲，李正红，白慧玲，等. 临夏州多民族青少年近视患病率调查及相关因素分析［J］. 国际眼科杂志，2018，18（6）：1105－1108.

［141］乔昆，张鹏. 高原外训军人心理健康、认知因素与急性高山病的相关性［J］. 中国健康心理学杂志，2015，23（1）：61－64.

［142］秦川. 复兴网. 筑梦青奥会，激励三代人［EB/OL］.（2014－08－15）［2023－08－12］. http://opinion. cntv. cn/2014/08/15/ARTI1408106223377202. shtml.

［143］秦瑞莲，曹晓平. 辽宁省3000名大学生SCL－90测定结果分析［J］. 中国心理卫生杂志，1997，11（5）：295.

［144］曲宗湖，郑厚成. 论我国高校体育改革的发展与构思［J］. 体育

科学，1998，18（4）：6-9.

[145] 人民日报评论员. 深刻认识铸牢中华民族共同体意识的重大意义：论学习贯彻习近平总书记中央民族工作会议重要讲话［EB/OL］.（2021-08-30）［2023-08-12］. http://www. gov. cn/xinwen/2021-08/30/content_5634055. htm.

[146] 中华人民共和国体育法［EB/OL］.（2022-06-24）［2023-08-12］. http://www. npc. gov. cn/npc/c30834/202206/ad515e98ae274e44b1cd2c02687db07f. shtml.

[147] 任国平. 让班主任成为学生精神成长的关怀者："全国中小学班主任工作创新论坛"综述［J］. 人民教育，2007（11）：17-19.

[148] 森重敏. 孩子和家庭环境［M］. 愚心，译. 北京：人民教育出版社，1984.

[149] 上海市教委政务微信"上海教育". 学生"出校园就难运动"谁之过？中国儿童青少年体育健身指数评估报告出炉［EB/OL］.（2018-08-14）［2023-08-12］. https://mp. weixin. qq. com/s/pqUcQqxl3sbzK7A HFwlaWQ.

[150] 佘静芳. 藏族内地大学生心理亚健康与身体素质的比较研究［J］. 四川体育科学，2007，12（12）：86-92.

[151] 盛建国，高守清，唐光旭. 体育锻炼对中学生心理健康的影响：自我效能感的中介作用［J］. 中国体育科技，2016，52（5）：98-103.

[152] 世界卫生组织. 饮食、身体活动与健康全球战略：身体活动［EB/OL］.（2013-10-08）［2023-08-12］. http://www. who. int/dietphysicalactivity/pa/zh/.

[153] 世界卫生组织. 饮食、身体活动与健康全球战略：身体活动和青少年［EB/OL］.（2016-04-16）［2023-08-12］. http://www. who. int/dietphysicalactivity/factsheet_young_people/zh/，20151013.

[154] 司琦，苏传令，Kim Jeongsu. 青少年校内闲暇时间身体活动影响因素研究［J］. 首都体育学院学报，2015，27（4）：341-345.

[155] 宋海峰. 我国高原世居藏族低氧适应研究的系统综述［J］. 黄冈职业技术学院学报，2019，21（3）：92-94.

[156] 宋淑华，高春刚. 高原地区中长跑运动员心率变异性特征［J］.

北京体育大学学报, 2012, 35 (4): 70 – 73.

[157] 宋涛. 24 式太极拳运动前、中、后 HRV 的变化特征 [J]. 中国体育科技, 2016, 56 (1): 78 – 83.

[158] 宋逸, 胡佩瑾, 董彦会, 等. 2014 年全国各省、自治区、直辖市汉族学生视力不良现况分析 [J]. 北京大学学报 (医学版), 2017, 49 (3): 433 – 438.

[159] 孙海生. 国内图书情报研究机构科研产出及合作状况研究 [J]. 情报杂志, 2012, 31 (2): 67 – 74.

[160]《亲历者》编辑部. 西藏旅行 Let's Go [M]. 北京: 中国铁道出版社, 2012.

[161] 孙楠, 钟宇. 不同田径教学内容对学生情境兴趣激发的实验研究 [J]. 北京体育大学学报, 2013, 36 (2): 88 – 92, 104.

[162] 孙千力. 9—11 岁儿童体力活动特征研究 [D]. 北京: 北京体育大学, 2019.

[163] 孙琴, 张力. 美国运动教育模式对学生健美操表现力的影响 [J]. 广州体育学院学报, 2017, 37 (5): 119 – 121.

[164] 孙新浦, 黄肇荣, 庄建国, 等. 拉萨健康藏汉族青少年运动时颈内动脉血流速度的变化 [J]. 中国应用生理学杂志, 1994, 10 (1): 59 – 62.

[165] 孙渝莉, 金春寒. 灾难心理分析及大学生心理援助思考 [J]. 教育与职业, 2010 (20): 68 – 70.

[166] 汤梅燕. 江苏省中小学学生体力活动及影响因素研究 [D]. 南京: 南京师范大学, 2014.

[167] 陶芳标, 潘臣炜, 伍晓艳, 等. 户外活动防控儿童青少年近视专家推荐 [J]. 中国学校卫生, 2019, 40 (5): 641 – 643.

[168] 陶芳标.《儿童青少年近视防控适宜技术指南》专题解读 [J]. 中国学校卫生, 2020, 41 (2): 166 – 168, 172.

[169] 陶芳标. 学校—学生—学业联动是打好儿童青少年近视防控攻坚战的基石 [J]. 中国学校卫生, 2019, 40 (1): 3 – 6.

[170] 体育总局, 教育部. 关于印发深化体教融合 促进青少年健康发展意见的通知 (体发〔2020〕1 号) [EB/OL]. (2020 – 09 – 21) [2023 – 07 – 15]. http://www.gov.cn/zhengce/zhengceku/2020 –

09/21/content _5545112. htm.

[171] 童玉芬. 首都人口与环境关系：理论与实证研究 [M]. 北京：中国劳动社会保障出版社，2012.

[172] 万霖，王养民. 高原低氧环境对男性精子浓度影响研究进展 [J]. 中华男科学杂志，2012，18 (9)：835 – 839.

[173] 汪瑞，陶雨，张国辉. 海拔 5000 m 以上地区官兵心理健康状况调查 [J]. 人民军医，2004，47 (6)：312.

[174] 汪涛，唐红英，舒勤，等. 458 名进藏新兵心理健康状况与影响因素分析 [J]. 第三军医大学学报，2013，35 (3)：267 – 269.

[175] 汪晓赞，陶小娟，仲佳镕，等. KDL 幼儿运动游戏课程的开发研究 [J]. 北京体育大学学报，2020，43 (5)：39 – 49.

[176] 汪晓赞，杨燕国，孔琳，等. 新征程上我国儿童青少年体育健康促进的挑战与路径审视：基于对党的二十大精神的学习与思考 [J]. 天津体育学院学报，2023，38 (1)：9 – 16.

[177] 汪志胜，郑滔，刘承宜. 我国中小学生超重、肥胖检出率变化趋势的拓扑学特征 [J]. 体育学刊，2020 (1)：139 – 164.

[178] 王炳南，王丽娟，陈如专，等. 儿童青少年睡眠与近视关系的研究进展 [J]. 中国学校卫生，2020，41 (2)：313 – 316.

[179] 王成，李勇杰，史儒林. 藏族、汉族大学生体质状况的比较研究 [J]. 北京体育大学学报，2008 (7)：946 – 947，953.

[180] 王德文. 高原环境对人体的影响 [J]. 人民军医，1992 (3)：6 – 8.

[181] 王国忠，邱传亚. 高原人群的健康管理 [M]. 北京：中国中医药出版社，2017.

[182] 王红雨，严发萍，张林. 强化间歇训练和中等强度持续训练对肥胖大学生体质量指数、血压和心肺机能的影响 [J]. 中国应用生理学杂志，2017，33 (1)：82 – 84.

[183] 王焕波. "运动教育" 模式在高校公体篮球课中的实验研究 [J]. 山东体育学院学报，2006，22 (4)：120 – 122.

[184] 王家宏，董宏. 文化自信视域下中国式体育现代化要素内涵式发展方略研究 [J]. 天津体育学院学报，2022，37 (6)：626 – 631.

[185] 王建华，李晶，张珑. 移动学习理论与实践 [M]. 北京：科学出版社，2009.

[186] 王健，崔耀民，刘玉财. 加快建设体育强国的战略选择：优先发展学校体育 [J]. 天津体育学院学报，2023，38（1）：1-16.

[187] 王军利. 大学生身体活动水平的评价指标及其效度研究 [J]. 中国学校卫生，2015，36（5）：755-761.

[188] 王娜. 西藏藏族人口相关数据分析研究 [M]. 北京：社会科学文献出版社，2015.

[189] 王清，冯连世，翁庆章. 高原训练 [M]. 北京：人民体育出版，2007.

[190] 王向军，杨漾，吴艳强，等. 上海市 2000—2014 年中小学生身体素质变化趋势 [J]. 中国学校卫生，2017，38（4）：562-566.

[191] 王秀娟. 高原低氧环境及脱适应对青海省离休干部健康影响的调查 [J]. 环境与健康杂志，1997，14（1）：18-20.

[192] 王亚勤，郑琦，王波. "健康中国"视域下的台州儿童健康短板对策研究 [J]. 台州学院学报，2019，41（6）：62-69.

[193] 王延中. 中国慢性病调查与防治 [M]. 北京：中国社会科学出版社，2011.

[194] 王彦. 运动教育模式在高中羽毛球教学中的实验研究 [D]. 上海：华东师范大学，2022.

[195] 王艳萍. 高原缺氧对心率变异性的影响 [J]. 中国新医学论坛，2008，8（8）：50.

[196] 王玉闯，常晓晶. 民主改革 60 年来西藏高校体育发展研究 [J]. 忻州师范学院学报，2020，36（5）：94-99.

[197] 王振宏，李彩娜. 教育心理学 [M] 北京：高等教育出版社，2011.

[198] 王正珍，王娟，周誉. 生理学进展：体力活动不足生理学 [J]. 北京体育大学学报，2012，35（8）：1-6.

[199] 王政，孙金贤，陶玉流，等. 肺活量体重指数评价体系的合理性思考：基于大学生肺活量与形态指标的相关性分析 [J]. 成都体育学院学报，2013，39（7）：86-90.

[200] 王志庆，常淑芝，孙延林，等. 初中生的久坐行为与身体活动方式 [J]. 天津体育学院学报，2015，30（4）：277-281.

[201] 翁庆章. 血乳酸测定在游泳训练中的研究和应用 [J]. 体育科学，

1988 (2): 48.

[202] 邬盛鑫, 马受良, 马军, 等. 儿童青少年体质量指数与腰臀围及腰臀比关系的研究 [J]. 中国学校卫生, 2009, 30 (3): 259 – 261.

[203] 吴含春, 付玲玲. 克拉玛依市不同民族中小学生近视眼危险因素分析 [J]. 国际眼科杂志, 2014, 14 (7): 1298 – 1302.

[204] 吴昊, 何江川. 广西大学生与东盟七国留学生心境状态差异性分析 [J]. 中国学校卫生, 2015, 36 (2): 286 – 288.

[205] 吴立岗. 教学的原理、模式和活动 [M]. 南宁: 广西教育出版社, 1998.

[206] 吴琦. 民族地区青少年体质健康状况分析: 以阿坝州红原县藏文中学为例 [J]. 民族论坛, 2013 (10): 65 – 67.

[207] 吴强. 民族地区学校体育教学现状及提高教师素质的策略 [J]. 吉首大学学报 (社会科学版), 2017, 38 (S1): 203 – 204.

[208] 吴松伟. 网球运动简明教程 [M]. 北京: 知识产权出版社, 2016.

[209] 吴婷, 田美, 唐文婷, 等. 成都市新都区小学生近视流行病学研究 [J]. 国际眼科杂志, 2019, 19 (7): 1239 – 1244.

[210] 《西藏百科全书》总编辑委员会. 西藏百科全书 [M]. 拉萨: 西藏人民出版社, 2005.

[211] 西藏自治区第六次全国人口普查领导小组. 西藏自治区 2010 年人口普查资料 [M]. 北京: 中国统计出版社, 2012.

[212] 西藏自治区人民政府新闻办公室. 西藏: 地球第三极 [M]. 北京: 外文出版社, 2006.

[213] 西藏自治区体育局. 三金一银二铜创历史 砥砺奋进接续写新篇 [EB/OL]. (2021 – 09 – 30) [2023 – 08 – 12]. http://sport. xizang. gov. cn/xwzx/jjty/202109/t20210930_ 263906. html.

[214] 西藏自治区统计局. 西藏统计年鉴 2015 [M]. 北京: 中国统计出版社, 2011.

[215] 西藏自治区卫生健康委员会. 西藏自治区卫生健康委员会在《西藏日报》发表署名文章: 初心不改艰苦奋斗 绘就以人民健康为中心的壮丽画卷 [EB/OL]. (2021 – 08 – 16) [2023 – 08 – 12]. http://wjw. xizang. gov. cn/xwzx/wsjkdt/202108/t20210816_255044. html.

［216］习近平．在全国民族团结进步表彰大会上的讲话［EB/OL］．
（2019 – 09 – 27）［2023 – 08 – 12］．http：//www. xinhuanet. com//
2018 – 05/03/c_1122774230. Htm.

［217］习近平会见全国体育先进单位和先进个人代表［N］．沈阳日报，
2013 – 09 – 01（A01）．

［218］习近平同志视察哈尔滨工业大学并与学生代表亲切座谈［EB/
OL］．（2019 – 10 – 05）［2023 – 08 – 12］．http：//www. moe. edu.
cn/publicfiles/business/htmlfiles/moe/moe2154/200910/52976. html.

［219］席焕久．藏族的高原适应：西藏藏族生物人类学研究回顾［J］.
人类学学报，2013，32（3）：247 – 255.

［220］向静，王琳．导弹部队新兵军事应激条件下心理健康状况调查
［J］．中国健康心理学杂志，2011，19（3）：302 – 304.

［221］项进，高歆．论高校班主任在育人工作中的地位及作用［J］．思
想教育研究，2011（11）：73 – 75.

［222］圣人智慧永流传　万世师表照千秋［EB/OL］．（2022 – 09 – 21）
［2023 – 08 – 12］．https：// www. sohu. com/a/586689710_121118942.

［223］吴英杰．把人民健康放在优先发展的战略地位加快健康西藏建设提
高人民健康水平［EB/OL］．（2017 – 04 – 21）［2023 – 08 – 12］.
http：//xz. people. com. cn/n2/2017/0421/c138901 – 30073360. html.

［224］谢建军．浅析影响甘南藏区民族学校体育的发展因素［J］．当代
体育科技，2013，3（4）：53 – 55.

［225］新华社．中共中央办公厅　国务院办公厅印发《关于实施中华优
秀传统文化传承发展工程的意见》［EB/OL］．（2017 – 01 – 25）
［2023 – 08 – 12］．http：//www. gov. cn/zhengce/ 2017 – 01/25/con-
tent_5163472. htm.

［226］邢文华．中国青少年体质的现状及加强青少年体育的紧迫性［J］.
青少年体育，2012（1）：5 – 6.

［227］熊强．体育教育专业实践课程运动教育模式的建构与实验研究
［J］．教育学术月刊，2012（10）：51 – 53.

［228］熊艳，马鸿韬，孙琴．"运动教育模式"对学生运动强度的影响
［J］．体育学刊，2015，22（1）：130 – 133.

［229］徐军红，胡海翔，董静，等．不同海拔高度对男性精液质量的影响

[J]. 白求恩军医学院学报，2008，6（6）：328 – 330.

[230] 徐荣彬，宋逸，马军，等. 西藏藏族中小学生 1991—2014 年超重与肥胖变化趋势分析［J］. 中国公共卫生，2017，33（12）：1 – 5.

[231] 许辉，彭秀芳，梁凌寒. 北京综合院校藏族大学生心理健康状况调查分析与思考［J］. 中国藏学，2011（3）：144 – 147.

[232] 许丽英. 内地西藏班教学模式与成效调查研究［M］. 北京：社会科学文献出版社，2014.

[233] 许琳. 为动而生：关于促进身体活动的行动框架［EB/OL］.（2016 – 04 – 16）［2023 – 08 – 12］. http://www. designedtomove. org. 20141012.

[234] 闫敏，关志峰，陈勇，等. 西藏部分地区干部超重和肥胖患病情况与防治策略浅析［J］. 实用预防医学，2007（2）：296 – 300.

[235] 闫守轩. 游戏：本质、意义及其教学论启示［J］. 教育理论与实践，2002（5）：53 – 55.

[236] 央视新闻. 全国学生体质健康调查：约三成大学生体质健康不及格［EB/OL］.（2021 – 04 – 25）［2023 – 08 – 12］. http://news. xhby. net/index/202104/t20210424_7060954. shtml.

[237] 阳家鹏. 家庭体育环境、锻炼动机与青少年身体活动的关系研究：以广州市青少年为例［D］. 上海：上海体育学院，2017.

[238] 杨慈洲，代浩然，高嵘. 运动教育在高校公体篮球教学中的应用研究［J］. 武汉体育学院学报，2006，40（12）：106 – 108.

[239] 杨贵仁. 我国学校体育工作的发展设想［J］. 体育科学，2000，20（3）：13 – 15.

[240] 杨桦. 深化"阳光体育运动"，促进青少年体质健康［J］. 北京体育大学学报，2011，34（1）：1 – 4.

[241] 杨建军，杨海航，宋健. 西藏民族大学藏族与汉族大学生体质健康状况比较［J］. 中国学校卫生，2009，30（l0）：946.

[242] 杨建军. 西藏中小学体育师资结构特征的调查研究［J］. 西藏教育，2016（4）：50 – 52.

[243] 杨建鹏，尼玛欧珠. 西藏高校体育教学的现状与发展研究［J］. 内江科技，2009，30（9）：136 – 137.

[244] 杨萍. 西北少数民族大学生文化适应中的几个突出问题研究：以兰州市三高校的回族、藏族、蒙古族、维吾尔族大学生为例［D］.

兰州：兰州大学，2008.

[245] 杨启光. 重叠影响阈：美国学校与家庭伙伴关系的一种理论解释框架 [J]. 外国教育研究，2006，33（2）：76-80.

[246] 杨群，邓静，张宁，等. 触景伤心：高原环境对心理健康及认知功能的影响 [J]. 医学争鸣，2013，4（5）43-44.

[247] 杨志雄. 西藏中学体育教学困境与治理路径研究 [J]. 西藏科技，2021（10）：61-63.

[248] 杨志长，杨溢. 利用课外体育锻炼快速增长学生身高及提高学习成绩的研究 [J]. 重庆教育学院学报，2012，25（6）：150-153.

[249] 一帆.《中国学生发展核心素养》总体框架正式发布 [J]. 教育测量与评价，2016（9）：34.

[250] 医政医管局. 奋力谱写新时代医师高质量发展新篇章 [EB/OL]. (2021-08-18)[2023-08-12]. http://www.nhc.gov.cn/yzygj/s3578/202108/663dc25f83aa4a6aa488cdfed3a61491.shtml.

[251] 尹博. 健康行为改变的跨理论模型 [J]. 中国心理卫生杂志，2007（3）：194-199.

[252] 尹德福. 四川甘孜藏区世居藏族中小学生体质现状及影响因素调查分析：以甘孜州新龙县为例 [D]. 成都：成都体育学院，2017.

[253] 尹小俭，孙辉，李玉强. 藏族大学生生活习惯与健康状况调查与分析 [J]. 体育学刊，2010，17（9）：72-75.

[254] 于伊，柳茵，粟淑兰，等. 高原世居藏族健康成人心率及心率变异性分析 [J]. 临床心电学杂志，2006，15（1）：31-32.

[255] 俞晓莺. 家庭教育不应是缺席者 [N]. 中国教育报，2008-05-01.

[256] 张必科，张倩，曾果，等. 四川省藏、羌、汉族小学三年级～高三学生身体活动状况 [J]. 现代预防医学，2007，34（11）：2028-2030.

[257] 张东祥，谢印芝，聂鸿靖，等. 高原移居者与世居者心肺功能的比较研究 [J]. 解放军预防医学杂志，2013，3（19）：167-169.

[258] 张富生. 高原与低氧性肺动脉高压 [J]. 中国工业医学杂志，2002，1（2）：108-110.

[259] 张桂菊，贾挺，郑艺向，等. 2013年山东省中小学生体检近视情况分析 [J]. 中国卫生统计，2015，32（4）：735-736.

［260］张国玺. 西藏高校心理健康教育之我见［J］. 西藏民族学院学报，2005，3（2）：84－86.

［261］张洪潭. 体质论与技能论的矛盾论：百年学校体育主线索厘澄［J］. 体育与科学，2000，21（1）：8－16，22.

［262］张加林，唐炎，陈佩杰，等. 全球视域下我国城市儿童青少年身体活动研究：以上海市为例［J］. 体育科学，2017，37（1）：14－27.

［263］张健，孙辉，张建华，等. 国际儿童青少年身体活动研究的学科特征、动态演进与前沿热点解析［J］. 体育科学，2018，38（12）：68－80.

［264］张兰君，李娜，王颖. 大学生强迫症状的体育运动干预实验［J］. 中国心理卫生杂志，2002，16（7）：478－479.

［265］张磊，金国辉，张红军，等. 地导部队官兵高原驻训生理指标变化及卫勤保障启示［J］. 解放军预防医学杂志，2012，30（4）：294－295.

［266］张磊. 青少年身体活动、久坐行为与体质健康关系的实证研究［J］. 广州体育学院学报，2019，39（3）：101－104.

［267］张李强，高会娜. 运动处方干预对藏族大学生心理健康影响的可行性分析研究［J］. 西藏科技，2015（9）：24－25.

［268］张李强，汪晓赞. 运动教育模式的国际研究热点述评［J］. 武汉体育学院学报，2017，51（2）：93－100.

［269］张李强. 西藏高海拔地区中小学体育现状及其发展路径研究［J］. 当代体育科技，2019，9（9）：72－73.

［270］张力为，任未多. 体育运动心理学研究进展［M］. 北京：高等教育出版社，2000.

［271］张世春. 青藏高原不同海拔地区老年人群体质状况的对比分析［J］. 体育文化导刊，2006（6）：60－62.

［272］张淑玲，唐殿强，阎庆东. 传染性非典型肺炎应激状态下大学生心理健康状况［J］. 中国学校卫生，2005，26（4）：322.

［273］张苏，李克勤，高艳，等. 安徽省大学生锻炼态度与体质健康现状分析［J］. 中国学校卫生，2009，30（1）：26－27.

［274］张万勇. 简式POMS量表对体育锻炼女大学生心境状态的适用性评价［J］. 西安体育学院学报，2009，26（4）：508－512.

［275］张文兰，刘俊生．教育游戏的本质与价值审思［J］．开放教育研究，2007，13（5）：64-68．

［276］张文英．运动教育在高校网球教学中的应用研究［J］．首都师范大学学报（自然科学版），2009，30（5）：93-96．

［277］张细谦．健康促进与小康社会体育的发展［J］．体育与科学，2006，27（1）：65-67．

［278］张学敏，胡雪涵．中华民族共同体意识教育进课程：特殊价值、嵌入逻辑与实施路向［J］．课程·教材·教法，2023（1）：13-19．

［279］张洋，何玲．中国青少年体质健康状况动态分析：2000—2014年四次国民体质健康监测数据［J］．中国青年研究，2016（6）：5-12．

［280］张迎修，王志奎．山东省中小学生体育锻炼对体质状况的影响［J］．中国学校卫生，2012，33（2）：174-176．

［281］张迎修．山东省中小学生体育锻炼及学业负荷状况［J］．中国学校卫生，2011，32（10）：1186-1190．

［282］张永福，戴耀华．儿童单纯性肥胖的环境影响因素［J］．中国妇幼健康研究，2006，17（6）：494-497．

［283］张云齐，郭立亚．民族传统体育铸牢中华民族共同体意识的学校体育具身化路径［J］．民族学刊，2022，13（5）：100-107，141．

［284］张云婷．身体活动对儿童学业成绩的影响研究［D］．上海：上海交通大学，2017．

［285］张周阳．久坐行为与青少年学习生活和体力活动行为的关联性研究［D］．南京：南京体育学院，2009．

［286］赵国详，单格妍，李永鑫．河南省大学生在新冠肺炎流行期间心理援助需求的调查研究［J］．河南师范大学学报（哲学社会科学版），2020，47（3）：150-156．

［287］赵锦，王欢，关宏宇，等．教育精准扶贫：中国农村学生近视问题研究及防控政策建议［J］．华东师范大学学报（教育科学版），2020，38（3）：117-125．

［288］赵亮，张欢．甘南藏区6—12岁儿童体质健康状况与多维空间影响因素研究［J］．吉林体育学院学报，2016，32（1）：72-76．

［289］赵心愚．教育视域下的铸牢中华民族共同体意识［J］．民族学刊，2021，12（2）：1-8，92．

［290］赵英利. 美国德州大学体育教育模式探讨：普及教育与竞技运动相辅相成 ［J］. 中国成人教育，2009（17）：95 - 96.

［291］赵忠心. 家庭教育学 ［M］. 北京：人民教育出版社，2000.

［292］中共中央办公厅，国务院办公厅. 关于全面加强和改进新时代学校体育工作的意见 ［EB/OL］. （2020 - 10 - 15）［2023 - 08 - 12］. http://www. gov. cn/zhengce/2020 - 10/15/content_5551609. html.

［293］中共中央办公厅，国务院办公厅. 中共中央办公厅 国务院办公厅印发《关于全面加强和改进新时代学校体育工作的意见》《关于全面加强和改进新时代学校美育工作的意见》［J］. 中华人民共和国国务院公报，2020（30）：20 - 26.

［294］中国疾病预防控制中心. 新型冠状病毒感染的肺炎公众防护指南 ［M］. 北京：人民卫生出版社，2020.

［295］中华人民共和国国家统计局. 中国 2010 年人口普查资料 ［EB/OL］. （2016 - 10 - 16）［2023 - 08 - 12］. http://www. stats. gov. cn/tjsj/pcsj/rkpc/6rp/indexch. html.

［296］中华人民共和国国家统计局. 中国统计年鉴 2015 ［EB/OL］. （2016 - 10 - 16）［2023 - 08 - 12］. http://www. stats. gov. cn/tjsj/ndsj/2015/indexch. html.

［297］中华人民共和国教育部. 2021 年全国教育事业发展统计公报 ［EB/OL］. （2022 - 09 - 14）［2023 - 08 - 12］. http://www. moe. gov. cn/jyb_ sjzl/sjzl_ fztjgb/202209/t20220914_ 660850. html.

［298］中华人民共和国教育部. 教育部关于全面深化课程改革落实立德树人根本任务的意见（教基二〔2014〕4 号）［EB/OL］. （2014 - 04 - 05）［2023 - 08 - 12］. http://old. moe. gov. cn//publicfiles/business/htmlfiles/moe/s7054/201404/167226. html.

［299］中华人民共和国中央人民政府网 ［EB/OL］. （20214 - 04 - 05）［2023 - 08 - 12］. http://www. gov. cn/guoqing/2013 - 04/08/content_5046170. html.

［300］钟秉枢，李楠. 体育在中华优秀传统文化传承中的重要价值、基本理念与具体路径 ［J］. 首都体育学院学报，2022，34（1）：1 - 7.

［301］钟梅燕，贾学锋. 民族院校铸牢中华民族共同体意识的实践研究 ［J］. 北方民族大学学报，2021，162（6）：156 - 163.

［302］仲凤行. 健康中国规划健康幸福［J］. 中国学校卫生，2016（3）：68 - 69.

［303］周登嵩. 学校体育热点50问［M］. 北京：高等教育出版社，2007.

［304］周佳，马迎华，马军，等. 中国6省市中小学生近视流行现状及其影响因素分析［J］. 中华流行病学杂志，2016，37（1）：29 - 34.

［305］周丽君，于可红，汉斯利. 影响中、美两国青少年参加体育活动因素的比较研究［J］. 中国体育科技，2007，43（4）：27 - 31.

［306］朱斌，宗敏. 身体活动促进学生体质健康策略分析［J］. 中国学校卫生，2012，33（5）：604 - 606.

［307］朱斌. 爱洒藏中严管理 情系教育抓心理［J］. 教育艺术，2016（1）：42 - 43.

［308］朱德全，宋乃庆. 课程教学模式论：中学教育与农村建设［M］. 北京：人民教育出版社，2010.

［309］朱立平，郑度. 西部地标·青藏高原［M］. 上海：上海科学技术文献出版社，2009.

［310］朱莎，丁宁炜，刘凌. 高原及低氧环境对心率变异性影响研究进展［J］. 中国运动医学杂志，2010，29（3）：359 - 362.

［311］朱艳. 高校工会组织与校园文化建设［J］. 煤炭高等教育，2003（5）：118 - 119.

［312］祝蓓里，季浏. 体育心理学新编［M］. 上海：华东师范大学出版社，1995.

［313］祝培里. POMS量表及简式中国常模简介［J］. 天津体育学院学报，1995（1）：35 - 37.

［314］铸牢中华民族共同体意识 习近平强调这四个"必然要求"［EB/OL］.（2021 - 08 - 30）［2023 - 08 - 12］. https：//www. xuexi. cn/lgpage/detail/index. html？id = 16271639606644943813&amp；item_id = 16271639606644943813.

二、英文部分

［1］ALMOND L, WHITEHEAD M E. The value of physical literacy［J］. Physical education matt，2012（7）：61 - 63.

［2］ CISLAK A. Family-related predictors of body weight and weight-related behaviors among children and adolescents: a systematic umbrella review ［J］. Review article, 2011, 38 (3): 321 –331.

［3］ AHMED H S, KHALID M E, OSMAN O M, et al. The association between physical activity and overweight and obesity in a population of children at high and low altitudes in Southwestern Saudi Arabia ［J］. Journal of family & community medicine, 2016, 23 (2): 82 –87.

［4］ ALEXANDER K, LUCKMAN J. Australian teacher's perceptions and uses of the sport education curriculum model ［J］. European physical education review, 2001, 7 (3): 243 –267.

［5］ ALISON M MCMINN, SIMON J G. Family and home influences on children's after-school and weekend physical activity ［J］. European journal of public health, 2013, 23 (5): 805 –810.

［6］ AMES, CAROLE. Classrooms: goals, structures, and student motivation ［J］. Journal of educational psychology, 1992, 84 (3): 261 –271.

［7］ ANN M P, DAVID K, GARY K. Sport education: promoting team affiliation through physical education ［J］. Journal of teaching in physical education, 2004, 23: 106 –122.

［8］ ARUNDELL L, FLETCHER E, SALMON J, et al. A systematic review of the prevalence of sedentary behavior during the after-school period among children aged 5 – 18 years ［J］. International journal of behavioral medicine, 2016, 23 (1): S227 –S228.

［9］ AYAKI M, TORII H, TSUBOTA K, et al. Decreased sleep quality in high myopia children ［J］. Scientific reports, 2016, 6 (1): 33902.

［10］ BAUMAN A, AINSWORTH B, SALLIS J F, et al. The descriptive epidemiology of sitting: a 20-country comparison using the International Physical Activity Questionnaire (IPAQ) ［J］. American journal of preventive medicine, 2011, 41: 228 –235.

［11］ BEALL C M, CAVALLERI G L, DENG L, et al. Natural selection on EPAS1 (HIF2alpha) associated with low hemoglobin concentration in Tibetan highlanders ［J］. Proceeding of the National Academy of Sciences of the United States of America, 2010, 107 (25): 11459 –11464.

[12] BEALL C M. Two routes to functional adaptation: Tibetan and Andean high-altitude natives [J]. Proceeding of the National Academy of Sciences of the United States of America, 2007, 104 (1): 8655 – 8660.

[13] BELCHER B R, BERRIGAN D, PAPACHRISTOPOULOU A, et al. Effects of interrupting children's sedentary behaviors with activity on metabolic function: a randomized trial [J]. The journal of clinical endocrinology and metabolism, 2015, 100 (10): 3735 – 3743.

[14] BELL C M, SONG K, ELSTON RC, et al. Higher offspring survival among Tibetan women with high oxygen saturation genotypes residing at 4000m [J]. Proceeding of the National Academy of Sciences of the United States of America, 2004, 101 (39): 14300 – 14304.

[15] BIANBA B, YANG Z Y, GONG GALANZI G, et al. Anthropometric measures of 9 – 10 year old native Tibetan children living at 3700 and 4300m above sea level and han Chinese living at 3700m [J]. Medicine (Baltimore), 2015, 94 (42): 1 – 7.

[16] BIDDLE S, ASARE M. Physical activity and mental health in children and adolescents: a review of reviews [J]. British journal of sports medicine, 2011, 45 (11): 886 – 895.

[17] BIDDLE S J H, PEARSON N, Ross G M, et al. Tracking of sedentary behaviors of young people: a systematic review [J]. Preventive medicine, 2010, 51 (5): 345 – 351.

[18] BIDDLE S J H, SALLIS J, CAVILL N. Young and active? Young people and health enhance physical activity-evidence and implications [M]. London: Health Education Authority, 1998.

[19] BMNTON J A. Changing hierarchies of power in physical education using sport education [J]. European physical education review, 2003 (9): 267 – 284.

[20] BOYER S J, BLUME F D. Weight loss and changes in body composition at high altitude [J]. Journal of applied physiology, 1984, 57 (5): 1580 – 1585.

[21] BROWNELL K D, KAYE F S. A school-based behavior modification, nutrition education and physical activity program for obese children [J].

The American journal of clinical nutrition, 1982, 35 (2): 277 – 283.

[22] BUCHHEIT M, RICHARD R, DOUTRELEAU S, et al. Effect of acute hypoxia on heart rate variability at rest and during exercise [J]. International journal of sports medicine, 2004, 25 (4): 264 – 269.

[23] CARDON G, CLERCQ D D, BOURDEAUDHUIJ I D, et al. Sitting habits in elementary schoolchildren: a traditional versus a "Moving school" [J]. Patient education and counseling, 2004, 54 (2): 133 – 142.

[24] CARLSON T B. Now I think I can: the reaction of eight low-skilled students to sport education [J]. Achper healthy lifestyles journal, 1995, 42 (4): 6 – 8.

[25] CARLSON T B, HASTIE P A. The student social system within sport education [J]. Journal of teaching in physical education, 1997, 16 (2): 176 – 195.

[26] CASPERSEN CAR J, POWELL K E, CHRISTENSON G M. Physical activity, exercise and physical fitness: definitions and distinctions for health-related research [J]. Public health reports, 1978, 100 (2): 126.

[27] CHAN J, YUAN S, KOK K, et al. A familial cluster of pneumonia with the 2019 novel-coronavirus indicating person-to-person transmission: a study of a family cluster [J]. The lancet, 2020, 395 (10223): 514 – 523.

[28] CHEN C M. CiteSpaceII: detecting and visualizing emerging trends and transient patterns in scientific literature [J]. Journal of the American society for information science & technology, 2006, 57 (3): 359 – 377.

[29] CHEN S R, LEE Y J, CHIU H W, et al. Impact of physical activity on heart rate variability in children with type I diabetes [J]. Childs nervous system chns official Journal of the international society for pediatric neurosurgery, 2008, 24 (6): 741 – 747.

[30] CLEMENS D, VIVEK K P, GREGORY A H, et al. Effects of moderate and vigorous physical activity on fitness and body composition [J]. Journal of behavioral medicine, 2016 (39): 624 – 632.

[31] COOPER J. A review of current concepts of the etiology and treatment of myopia [J]. Eye & contact lens-science and clinical practice, 2018,

44 (4): 231 –247.

[32] CORNOLO J, BRUGNIAUX J V, MACARLUPU J L, et al. Autonomic adaptations in andean trained participants to a 4220-m altitude marathon [J]. Medicine & science in sports & exercise, 2005, 37 (12): 2148 –2153.

[33] DANA P, GRACE G K. A self-determined perspective of the Sport Education Model [J]. Physical education and sport pedagogy, 2010, 15 (4): 401 –418.

[34] DANA P. The influence of the Sport Education Model on developing autonomous instruction [J]. Physical education and sport pedagogy, 2012, 17 (5): 493 –505.

[35] DECI E L, RYAN R M. The "what" and "why" of goal pursuits: human needs and the self-determination of behavior [J]. Psychological inquiry, 2000 (11): 227 –268.

[36] DENTRO K N, BEALS K, CROUTER S E, et al. Results from the United States' 2014 report card on physical activity for children and youth [J]. Journal of physical act health, 2014, 11 (1): S105 –S112.

[37] DISHMAN R K, HEATH G W, LEE I M. Physical activity epidemiology [M]. Champaign, IL: Human Kinetics, 2013.

[38] DRENOWATZ C, PRASAD V K, HAND G A, et al. Effects of moderate and vigorous physical activity on fitness and body composition [J]. Journal of behavioral medicine, 2016, 39 (4): 624 –632.

[39] DYKIERT D, HALL D, VAN G N, et al. The effects of high altitude on choice reaction time mean and intra-individual variability: results of the Edinburgh Altitude Research Expedition of 2008 [J]. Neuropsychology, 2010, 24 (3): 391 –401.

[40] EILEEN SEARSON. Bringing role models into the physical education curriculum [J]. Vahperd, 2006, 9: 165.

[41] EPSTEIN J L. School/family/community partnerships: caring for the children we share [J]. Phi delta kappan, 1995, 76 (9): 701 –712.

[42] EPSTEIN J L, SANDERS M, SIMON B, et al. The Epstein framework of six types of school, family and community partnerships: your handbook for

action [M]. 2ed. Thousands Oaks, CA: Corwin Press, 2006.

[43] EPSTEIN J L. School, family, and community partnerships: preparing educators and improving schools [M]. Boulder, CO: West View Press, 2010.

[44] FERRETTI G, KAYSER B, SCHENA F, et al. Regulation of perfusive O_2 transport during exercise in humans: effects of changes in haemoglobin concentration [J]. Journal of Physiology-London, 1992 (455): 679 – 688.

[45] FLETCHER E A, SALMON J, MCNAUGHTON S A, et al. Effects of breaking up sitting on adolescents' postprandial glucose after consuming meals varying in energy: a cross-over randomised trial [J]. Journal of science and medicine in sport, 2017 (17): 30448 – 30449.

[46] FREEDSON P S, EVENSON S. Familial aggregation in physical activity [J]. Research quarterly for exercise and sport, 1991 (62): 384 – 389.

[47] GOH T L, HANNON J, WEBSTER C, et al. Effects of a TAKE 10! classroom-based physical activity intervention on third-to fifth-grade children's on-task behavior [J]. Journal of physical activity & health, 2016, 13 (7): 712 – 718.

[48] GOLAN M, WEIZMAN A. Familial approach to the treatment of child- hood obesity: conceptual model [J]. Journal of nutrition education, 2001, 33 (2): 102 – 107.

[49] GREEN P. Risks to children and young people during COVID-19 pan- demic [J]. The British medical journal, 2020, 369: 1669.

[50] GREG A, DAMIEN D. Relationships between sleep, physical activity and human health [J]. Physiology behavior, 2007, 90 (2): 229 – 235.

[51] GUSTAFSON S L, RHODES R E. Parental correlates of physical activity in a national sample of children aged 9 – 13 years [J]. Preventive medi- cine, 2006, 42 (4): 254 – 260.

[52] GUTHOLD R, COWAN M J, AUTENRIETH C S, et al. Physical ac- tivity and sedentary behavior among school children: a 34-country com-

parison [J]. Journal of pediatrics, 2010, 157 (1): 43 –49.

[53] GUTWENG ER I, HOFER G, GUTWENGER A, et al. Pilot study on the effects of a 2-week hiking vacation at moderate versus low altitude on plasma parameters of carbohydrate and lipid metabolism in patients with metabolic syndrome [J]. BMC researoh notes, 2015 (8): 103.

[54] GUY W A. Contributions to a knowledge of the influence of employments upon health [J]. Journal of the statistical society of London, 1843, 6 (3): 197.

[55] HANLEY A J, HARRIS S B, GITTELSOHN J, et al. Overweight a-mong children and adolescents in a native community: prevalence and as-sociated factors [J]. The America journal of clinical nutrition, 2000, 71 (3): 693 –700.

[56] HARRIS G A, CLELAND J, COLLIE A, et al. Cognitive assessment of a trekking expedition to 5100m: a comparison of computerized and written resting methods [J]. Wilderness & environment medience, 2009, 20 (3): 261 –268.

[57] HARTMAN E, HOUWEN S, VISSCHER C. Motor skill performance and sports participation in deaf elementary school children [J]. Adapted physical activity quarterly, 2011, 28 (2): 132 –145.

[58] HARVEY T C, JAMES H M, CHETTLE D R. Birmingham Medical Research Expeditionary Society 1977 expedition: effect of a Himalayan trek on whole body composition, nitrogen and potassium [J]. Postgrad-uate medical journal, 1979, 55 (465): 175 –477.

[59] HASTIE P A. Skills and tactical development during a sport education season [J]. Research quarterly for exercise and sport, 1998b, 69 (4): 368 –379.

[60] HASTIE P A. Teaching sport within physical education [M]. Cham-paign, IL: Human Kinetics, 1996.

[61] HASTIE P A, SINELNIKOV O A. Teaching sport education to Russian students: an ecological analysis [J]. European physical education re-view, 2008, 14 (2): 203 –222.

[62] HASTIE P A, SINELNIKOV O A. Russian students' participation in and

perceptions of a season of sport education [J]. European physical education review, 2006, 12 (2): 131–151.

[63] HILL C M, DIMITRIOU D, BAYA A, et al. Cognitive performance in high-altitude Andean residents compared with low-altitude populations: from childhood to older age [J]. Neuropsychology, 2014, 28 (5): 752–760.

[64] HOLDEN B A, FRICKE T R, WILSON D A, et al. Global prevalence of myopia and high myopia and temporal trends from 2000 through 2050 [J]. Ophthalmology, 2016, 123 (5): 1036–1042.

[65] HORNBUCKLE L M, BASSETT D R, THOMPSON D L. Pedometer-determined walking and body composition variables in African-American women [J]. Medicine and science in sports and exercise, 2005, 37 (6): 1069–1074.

[66] IGARRO L J, BALESTERI M L, NAPOLI C. Nutrition, physical activity, and cardiovascular disease: an update [J]. Cardiovascular research, 2007, 73 (2): 326–340.

[67] JAN E R, JANI S, PETER H. Athlete-centred coaching using the Sport Education model in youth soccer [J]. Journal of physical education and sport, 2016, 16 (2): 380–391.

[68] JENKINS J M. Sport education in a PETE program [J]. Journal of physical education, recreation & dance, 2004, 75 (5): 31–36.

[69] JIN J X, HUA W J, JIANG X, et al. Effect of outdoor activity on myopia onset and progression in school-aged children in northeast China: the Sujiatun Eye Care Study [J]. BMC ophthalmology, 2015, 15 (1): 73.

[70] JOHN P, BARBARA T. Parental socialization of child and adolescent physical activity: a meta-analysis. [J] Journal of family psychology, 2007, 21 (3): 331–343.

[71] KA L C, CRUZ A. The effect of sport education on secondary six students' learning interest and collaboration in football lessons [J]. Journal of physical education and recreation (HK), 2006, 12 (2): 13–22.

[72] KAIKKONEN P, HYNYNEN E, MANN T, et al. Can HRV be used to

evaluate training load in constant load exercise? [J]. European journal of applied physiology, 2010, 108 (3): 435 – 522.

[73] KANKESH K, MARGARET A S, JOHN B, et al. Physical activity and sedentary behaviors of South Asian and white European children in inner city secondary schools in the UK [J]. Family practice, 2007, 24 (3): 237 – 244

[74] KANN L, KINCHEN S, SHANKLIN S L, et al. Youth risk behavior surveillance-United States, 2013 [J]. MMWR surveiuance sunmaries, 2014, 63 (4): 1 – 168.

[75] GINA M. Wingood health behavior and health education: theory, research, and practice [J]. Annals of epidemiology, 1997, 7 (6): 425 – 426.

[76] KAYMAN S, BRUVOLD W, STERN J S. Maintenance and relapse after weight loss in women: behavior aspects [J]. American journal of clinical nutrition, 1990, 52 (5): 800 – 807.

[77] KAYSER B. Nutrition and energetics of exercise at altitude: theory and possible practical implications [J]. Sports medicine, 1994, 17 (5): 309 – 323.

[78] KIM J, PENNEY D, CHO M, et al. "Not business as usual": sport education pedagogy in practice [J]. European physical education review, 2006, 12 (3): 361 – 379.

[79] KOHL H W K, CRAIG C L, LAMBERT E V, et al. The pandemic of physical inactivity: global action for public health [J]. The lancet, 2012, 380 (9838): 294 – 305.

[80] KULINNA P. Models for curriculum and pedagogy in elementary school physical education [J]. Elementary school journal, 2008, 108 (3): 219 – 227.

[81] KUMAR S, SHARMA P, GARG K C. Lotka's law and institutional productivity [J]. Information processing & management, 1998, 34 (6): 775 – 783.

[82] LAZARUS R S. From psychological stress to the emotion: a history of changing outlook [J]. Annual review of psychology, 1993, 44 (1): 1 – 21.

［83］ LI M, SU H, LIAO Z, et al. Gender differences in mental health disor-
der and substance abuse of Chinese international college students during
the COVID-19 pandemic ［J］. Frontiers psychiatry, 2021,
12: 710878.

［84］ LIAO Y, LIAO J, DURAND C P, et al. Which type of sedentary be-
haviour intervention is more effective at reducing body mass index in chil-
dren? A meta-analytic review ［J］. Obesity reviews, 2014, 15 (3):
159 - 168.

［85］ LIPPL F J, NEUBAUER S, SCHIPFER S, et al. Hypobaric hypoxia
causes body weight reduction in obeses subjects ［J］. Obesity, 2010,
18 (4): 675 - 681.

［86］ MARGARET S, MATTHEW C S. Impact of different types of knowledge
on two preservice teachers' ability to learn and deliver the Sport Education
model ［J］. Physical education and sport pedagogy, 2010, 15 (3):
243 - 256.

［87］ MARK, STEPHEN, TREMBLAY, et al. Physiological and health im-
plications of a sedentary lifestyle ［J］. Applied physiology, nutrition,
and metabolism, 2010, 35 (6): 725 - 740.

［88］ MARTIN S L, LEE S M, LOWRY R. National prevalence and corre-
lates of walking and bicycling to school ［J］. American journal of pre-
ventive medicine, 2007 (33): 98 - 105.

［89］ MASUYAMA S, KIMURA H, SUGITA T, et al. Control of ventilation
in extreme-altitude climbers ［J］. Journal of applied physiology, 1986,
61 (2): 500 - 506.

［90］ MATHERS M, CANTERFORD L, OLDS T, et al. Electronic media
use and adolescent health and well-being: cross-sectional community
study ［J］. Academic pediatric, 2009, 9 (5): 307 - 314.

［91］ MATTHEWS C E, CHEN K Y, FREEDSON P S, et al. Amount of
time spent in sedentary behaviors in the United States, 2003 - 2004
［J］. American journal of epidemiology, 2008, 167 (7): 875 - 881.

［92］ MCCAUGHTRY N, SOFO S, ROVEGNO I, et al. Learning to teach sport
education: misunderstandings, pedagogical difficulties and resistance ［J］.

European physical education review, 2004, 10 (2): 135 – 155.

[93] MICHAEL W M. Instrucional model for physical education [M]. 3rd. Scottsdale: Holcomb Hathaway, 2011.

[94] MICHAEL W M. Instructional models for physical education [M]. Needham Heights: A Person Education Company, 2000.

[95] MOORE L G. Human genetic adaptation to high altitude [J]. High altitude medicine & biology, 2001, 2 (2): 257 – 279.

[96] MOORE L L, LOMBARDI D A, WHITE M J, et al. Influence of parents physical activity levels on activity levels of young children [J]. Journal of pediatrics, 1991 (118): 215 – 219.

[97] MORROW J, JACKSON A, GREGORY P V. Physical activity promotion and school physical education's [M]. Washington DC: President's council on physical fitness and sports research digest, 1999.

[98] PHILIP R N, ROBERT H B, RENATE M H, et al. Moderate-to-vigorous physical activity from ages 9 to 15 years [J]. The journal of the American medical association, 2008, 300 (3): 295 – 305.

[99] NORTH T C, MCCULLAGHP, TRAN Z V. Effect of exercise on depression [J]. Exercise and sport science reviews, 1990 (18): 379 – 415.

[100] NOWICKA P, FLODMARK C E. Physical activity-key issues in treatment of childhood obesity [J]. Acta paediatrica, 2007, 96 (454): 3945.

[101] OKUMURA A, FUSE II, KAWAUCHI Y, et al. Changes in male reproductive function after high altitude mountaineering [J]. High altitude medicine & biology, 2003, 4 (3): 349 – 353.

[102] SINELNIKOV O A, HASTIE P. A motivational analysis of a season of Sport Education [J]. Physical education and sport pedagogy, 2010, 15 (1): 55 – 69.

[103] OLGA N G. Sport education model in Russian schools: professional development and effective teaching for pre-teachers [D]. Auburn: Auburn University, 2011.

[104] OWEN N, HEALY G N, MATTTHEWS C E, et al. Too much sit-

ting: the population health science of sedentary behavior [J]. Exercise & sport sciences reviews, 2010, 38 (3): 105 –113.

[105] PAFFENBARGER R S, LAUGHLIN M E, GIMA A S, et al. Work activity of longshoremen as related to death from coronary heart disease and stroke [J]. New England journal of medicine, 1970, 282 (20): 1109.

[106] PAFFENBARGER J R, WING A, HYDE R. Physical activity as an index of heart attack risk in college alumni [J]. American journal of epidemiology, 1978, 8 (3): 161.

[107] PAFFENBARGER R S, HALE W E. Work activity and coronary heart mortality [J]. New England journal of medicine, 1970, 282 (20): 1109.

[108] PAN C W, RAMAMURTHY D, SAW S M. Worldwide prevalence and risk factors for myopia [J]. Ophthalmic and physiological optics, 2012, 32 (1): 3 –16.

[109] PARK J Y, HWANG T K, PARK H K, et al. Differences in cardio-vascular and hypothalamic-pituitary-adrenal axis functions between high-altitude visitors and natives during a trek on the Annapurna circuit [J]. Neuroendocrinology, 2014, 99 (2): 130 –138.

[110] PATE R R, O'NEILL J R, LOBE F. The evolving definition of sedentary [J]. Exercise sport science review, 2008, 36 (4): 173 –178.

[111] PATEL A V, BERNSTEIN L, DEKA A, et al. Leisure time spent sitting in relation to total mortality in a prospective cohort of US adults [J]. American Journal of epidemiology, 2010, 172: 419 –429.

[112] PEARSON N, BRAITHWAITE R E, BIDDLE S J H, et al. Associations between sedentary behavior and physical activity in children and adolescents: a meta-analysis [J]. Obesity reviews, 2014, 15 (8): 666 –675.

[113] PEDRO B J, ANALIZA M S. Sedentary patterns, physical activity and health-related physical fitness in youth: a cross-sectional study [J]. International journal of behavioral nutrition & physical activity, 2017, 14 (1): 25.

[114] PELAMATTI G, PASCOTTO M, SEMENZA C. Verbal free recall in

high altitude: proper names vs common names [J]. Cortex, 2003, 39 (1): 97 – 103.

[115] PERLMAN D J. Change in affect and needs satisfaction for amotivated students within the sport education model [J]. Journal of teaching in physical education, 2010, 29 (4): 433 – 445.

[116] PETER A H, DIEGO M O, ANTONIO C L. A review of research on Sport Education: 2004 to the present [J]. Physical education & sport pedagogy, 2011, 16 (2): 103 – 132.

[117] PETER A H. Student role involvement during a unit of sport education [J]. Journal of teaching in physical education, 1996 (16): 88 – 103.

[118] PETER A H. The participation and perceptions of girls within a unit of sport education [J]. Journal of teaching physical education, 1998, 17 (2): 157 – 171.

[119] PETRUZZELLO S J. Analysis on the anxiety reducing effect so facute and chronic exercise: outcomes and mechansms [J]. Sports medicine, 1991 (14): 8 – 10.

[120] PILL S A. Teacher's perceptions of the sport education model as an alternative for upper primary school physical education [J]. Healthy lifestyles journal, 2008, 55 (2/3): 23 – 29.

[121] PONTIFEX M B, KAMIJO K, SCUDDER M R, et al. The differential association of adiposity and fitness with cognitive control in preadolescent children [J]. Monographs of the society for research in child development, 2014, 79 (4): 72 – 92.

[122] POPE C, SULLIVAN O M. Culture, pedagogy and teacher change in an urban high school: how would you like your eggs done? [J]. Sport, education and society, 1998 (3): 201 – 236.

[123] QUAH S, COCKCROFT G J, MCIVER L, et al. Avoidant coping style to high imminence threat is linked to higher anxiety-like behavior [J]. Frontiers behavioral neuroscience, 2020, 14: 34.

[124] RASBERRY C N, LEE S M, ROBIN L, et al. The Association between school-based physical activity, including physical education, and

academic performance: a systematic review of the literature [J]. Preventive medicine, 2011, 52 (1): S10 – S20.

[125] REN Y, FU Z, SHEN W, et al. Incidence of high altitude illnesses among unacclimatized persons who acutely ascended to Tibet [J]. High altitude medicine & biology, 2010, 11 (1): 39 – 42.

[126] RESOLUTION WHA. Global strategy on diet, physical activity and health [R]. Geneva: World Health Organization, 2004.

[127] RIBEIRO J, GUERRA S, PINTO A, et al. Over weight and obesity in children and adolescents: relationship with blood pressure, and physical activity [J]. Annals of human biology, 2003, 30 (2): 203 – 213.

[128] RICARDO C, LUIS M G, JAIME S. Sport education model and self-determination theory: an intervention in secondary school children [J]. Kinesiology, 2016, 48 (1): 30 – 38.

[129] ROMER P M. Increasing returns and long-run growth [J]. Journal of political economy, 1986, 94 (5): 1002.

[130] RYAN R M, DECI E L. Self-determination theory and the facilitation of intrinsic motivation, social development, and well-being [J]. American psychologist, 2000, 55: 68 – 78.

[131] RYAN R M, WILLIAMS G C, PATRICH H, et al. Self-determination theory and physical activity: the dynamics of motivation development and wellness [J]. Hellenic journal of psychology, 2009 (6): 107 – 124.

[132] SALLIS J F, PROCHASKA J J, TAYLOR W C. A review of correlates of physical activity of children and adolescents [J]. Medicine & science in sports & exercise, 2000, 32 (5): 963 – 975.

[133] SALMON J, TREMBLAY M S, MARSHALL S J, et al. Health risks, correlates, and interventions to reduce sedentary behavior in young people [J]. American journal of preventive medicine, 2011, 41: 197 – 206.

[134] SARDINHA L B, MARQUES A, MINDERICO C, et al. Longitudinal relationship between cardio-respiratory fitness and academic achievement [J]. Medicine & science in sports & exercise, 2016, 48: 839 – 844.

[135] SCHLAEPFER T E, BARTSCH P, FISCH H U. Paradoxical effects of

mild hypoxia and moderate altitude on human visual perception [J].
Clinical science, 1992, 83 (5): 633 – 636.

[136] SCHOBERSBERGER W, LEICHTFFIED V, MUECK-WEYMANN M,
et al. Austrian Moderate Altitude Studies (AMAS): benefits of expo-
sure to moderate altitudes (1500 – 2500m) [J]. Sleep and breathing,
2010, 14 (3): 201 – 207.

[137] Sedentary Behavior Research Network. Letter to the editor: standardized
use of the terms "sedentary" and "sedentary behaviors" [J]. Applied
physiology, nutrition, and metabolism, 2012 (37): 540 – 542.

[138] SHANE P. A teachers' perceptions of the Sport Education model as an
alternative for upper primary school physical education [J]. ACHPER
healthy lifestyles journal, 2009, 55 (2/3): 23 – 29.

[139] SHELDON S B. Linking school-family-community partnerships in urban
elementary schools to student achievement on state tests [J]. Urban re-
views, 2003, 35 (2): 149 – 165.

[140] SIEDENTOP D. Sport education: a retrospective [J]. Journal of
teaching in physical education, 2002, 21 (4): 409 – 418.

[141] SIEDENTOP D. Developing teaching skills in physical education [M].
3 ed. Mountain View, CA: Mayfield, 1991.

[142] SIEDENTOP D. Sport education: quality PE through positive sport ex-
periences [M]. Champaign, Illinois: Human Kinetics, 1994.

[143] SIEDENTOP D. What is sport education and how does it work? [J].
The journal of physical education, recreation, and dance, 1998, 68
(4): 18 – 21.

[144] SIEDENTOP D. A curriculum theory physical education in schools
[D]. Indiana: Indiana University, 1968.

[145] SIEDENTOP D, HASTIE P A, VAN DER MARS H. Complete guide
to Sport Education [M]. Champaign, IL: Human Kinetics, 2004.

[146] SILVERSTEIN I, DAHLSTROM A. The Relation of muscular activity
to carcinoma [J]. Journal of cancer research, 1922 (6): 365.

[147] SINELNIKOV O, HASTIE P, PRUSAK K A. Situational motivation in
a season of sport education [J]. ICHPER-SD journal of research,

2007, 2 (1): 43 –47.

[148] SINELNIKOV O A. Teaching and learning how to teach Sport Education: an ecological analysis, motivational climate, and professional development [D]. Auburn: Auburn University, 2007.

[149] SLENTZ C A, HOUMARD J A, KRAUS W E. Modest exercise prevents the progressive disease associated with physical in activity [J]. Exercise and sport sciences reviews, 2007, 35 (1): 18 –23.

[150] SOARES-MIRANDA L, SATTELMAIR J, CHAVES P, et al. Physical activity and heart rate variability in older adults: the cardiovascular health study [J]. Circulation, 2014, 129 (21): 2100 –2110.

[151] STILLWELL J L, WILLGOOSE C E. The physical education curriculum [M]. Long Grove: Waveland Press, 2006.

[152] STRAN M, CURTNER-SMITH M D. Impact of different types of knowledge on two preservice teachers' ability to learn and deliver the Sport Education model [J]. Physical education & sport pedagogy, 2010, 15 (3): 243 –256.

[153] STRAN M, CURTNER-SMITH M D. Influence of occupational socialization on two preservice teachers' interpretation and delivery of the Sport Education model [J]. Journal of teaching in physical education, 2009b, 28 (1): 38 –53.

[154] STRAN M, CURTNER-SMITH M D. Influence of two pre-service teachers' value orientations on their interpretation and delivery of sport education [J]. Sport, education and society, 2009a, 14 (3): 339 –352.

[155] THORP A, OWEN N, NEUHAUS M, et al. Sedentary behaviors and subsequent health outcomes: a systematic review of longitudinal studies 1996 – 2011 [J]. American journal of preventive medicine, 2011 (41): 207 –215.

[156] TREMBLAY M S, LEBLANC A G, KHO M E, et al. Systematic review of sedentary behavior and health indicators in school-aged children and youth [J]. International journal of behavioral nutrition and physical activity, 2011, 8 (1): 98.

[157] TRIPATHY V, GUPTA R. Growth among Tibetans at high and low altitudes in India [J]. American journal of human biology, 2007 (6): 789 – 800.

[158] TURNER R J. Social status and psychological disorder: a causal inquiry [J]. Science, 1970, 167 (3923): 1363 – 1365.

[159] U. S. Department of Health and Human Service. The surgeon general's vision for a healthy and fit nation: a report of the surgeon general [R]. Rockville: U. S. Department of Health and Human Services, 2010.

[160] U. S. Department of Health and Human Services. Healthy people 2010. 2nd. ed. With understanding and improving health and objectives for improving health [R]. Washington: U. S. Government Printing Office, 2000.

[161] CARSON V, LEBLANC C M, MOREAU E, et al. Paediatricians' awareness of, agreement with and use of the new Canadian Physical Activity and Sedentary Behavior Guidelines for children and youth zero to 17 years of age [J]. Paediatrics & child health, 2013, 18 (10): 538 – 542.

[162] VEITCH J, BAGLEY S, BALL K, et al. Where do children usually play? A qualitative study of parents' perception of influences on children's active free-play [J]. Health & place, 2006 (12): 383 – 393.

[163] WALLHEAD T L, GARN A V. Game play participation of amotivated students during sport education [J]. Journal of teaching in physical education, 2013, 32 (2): 149 – 165.

[164] WALLHEAD T, O'SULLIVAN M. Sport education: physical education for the new millennium? [J]. Physical education and sport pedagogy, 2005, 10 (10): 181 – 210.

[165] WALLHEAD T L, GARN A, VIDONI C. Sport Education and social goals in physical education: relationships with enjoyment, relatedness, and leisure-time physical activity [J]. Physical education and sport pedagogy, 2013, 18: 427 – 441.

[166] WANG C K J, CHIA Y H M, QUEK J J, et al. Patterns of physical activity, sedentary behaviors, and psychological determinants of physi-

cal activity among Singaporean school children [J]. International journal of sport and exercise psychology, 2006, 4 (3): 227 - 249.

[167] WANG C K J, KOH K T, BIDDLE S J H, et al. Physical activity patterns and psychological correlates of physical activity among Singaporean primary, secondary and junior college students [J]. ICHPER-SD journal of research, 2011, 6 (2): 3 - 9.

[168] WOLF M M, VARIGOS G A, HUNT D, et al. Sinus arrhythmia in acute myocardial infarction [J]. The medical journal of Australia, 1978 (2): 52 - 53.

[169] WONG H B, MACHIN D, TAN S B, et al. Visual impairment and its impact on health-related quality of life in adolescents [J]. American journal of ophthalmology, 2009, 147 (3): 505 - 511.

[170] WONG S L, LEATHERDALES S T. Association between sedentary behavior, physical activity, and obesity: inactivity among active kids [J]. Preventing chronic disease, 2009, 6 (1): A26.

[171] WOOLCOTT O O, ADER M, BERGMAN R N. Glucose homeostasis during short-term and prolonged exposure to high altitudes [J]. Endocrine reviews, 2015, 36 (2): 149 - 173.

[172] World Health Organization. Global action plan for the prevention and control of NCDs 2013 - 2020 [EB/OL]. (2013 - 01 - 11) [2023 - 08 - 17]. http//www. who. int/nmh/publiccations. ncd - action - pian/en.

[173] WU P C, CHEN C T, LIN K K, et al. Myopia prevention and outdoor light intensity in a school-based cluster randomized trial [J]. Ophthalmology, 2018, 125 (8): 1239 - 1250.

[174] WU T Y, DING S Q, LIU J L, et al. Who should not go high: chronic disease and work at altitude during construction of the Qinghai-Tibet railroad [J]. High altitude medicine & biology, 2007, 8 (2): 88 - 107.

[175] WU T, KAYSER B. High altitude adaption in Tibetan [J]. High altitucle medicine & boilogy, 2006, 7 (3): 193 - 208.

[176] WU T. The Qinghai-Tibetan plateau: how high do Tibetans live? [J]. High altitude medicine & boilogy, 2001, 2 (4): 489 - 499.

［177］ YANG X L, RISTO T. Parents' physical activity, socioeconomic status and education as predictors of physical activity and sport among children and youths – a 12-year follow-up study ［J］. International review for the sociology of sport, 1996, 31 (3): 273 – 294.

［178］ XIONG S, SANKARIDURG P, NADUVILATH T, et al. Time spent in outdoor activities in relation to myopia prevention and control: a meta-analysis and systematic review ［J］. Acta ophthalmologica, 2017, 95 (6): 551 – 566.

［179］ YI X, LIANG Y, HUERTA-SANCHEZ E, et al. Sequencing of 50 human exomes reveals adaptation to high altitude ［J］. Science, 2010, 329 (5987): 75 – 78.

［180］ ZHANG H, HE Y, CUI C, et al. Cross-altitude analysis suggests a turning point at the elevation of 4500m for polycythemia prevalence in Tibetans ［J］. American journal of hematology, 2017, 92 (9): E552 – E554.

［181］ ZHAO M, KONG Q P, WANG H W, et al. Mitochondrial genome evidence reveals successful late paleolithic settlement on the Tibetan Plateau ［J］. Proceeding of the National Acodemy of Sciences of the United States of Americon, 2009, 106 (50): 12230 – 21235.

［182］ ZHAO Y H. Investigation on anxiety and coping style of college students during COVID-19 epidemic ［J］. Psychiatria danubina, 2021, 33 (4): 651 – 655.

［183］ ZHUANG J, ZHU H, ZHOU Z. Reserved higher vagal tone under acute hypoxia in Tibetan adolescents with long-term migration to sea level ［J］. Japanese journal of physiology, 2002, 52 (1): 51 – 56.

附　　录

附录一　网球分组自主教学认知情况访谈提纲

1. 你认为在公共体育网球教学中借鉴 SEM 的实施效果如何？

2. 你认为采用 SEM 进行网球教学与传统体育教学模式的区别有哪些?

3. 你认为网球教学借鉴 SEM 是否合理？

4. 你认为采用 SEM 网球教学能否发挥学生的课堂主体作用？

5. 你认为采用 SEM 网球教学应该注意哪些方面？

6. 你认为 SEM 在你的学校网球教学中运用前景如何？

附录二　网球基本技能测试标准

附表 2-1　1 分钟拍球测试标准

个数	分值	个数	分值	个数	分值
190	100	135	78	80	55
185	98	130	76	75	50
180	96	125	74	70	45
175	94	120	72	65	40
170	92	115	70	60	35

续附表 2 - 1

个数	分值	个数	分值	个数	分值
165	90	110	68	55	30
160	88	105	66	50	25
155	86	100	64	45	20
150	84	95	62	40	15
145	82	90	60	35	10
140	80	85	58	30	5

注：此测试标准是根据西藏民族大学往年学生测试成绩所制订。

附表 2 - 2 1 分钟颠球测试标准

个数	分值	个数	分值	个数	分值
190	100	135	78	80	55
185	98	130	76	75	50
180	96	125	74	70	45
175	94	120	72	65	40
170	92	115	70	60	35
165	90	110	68	55	30
160	88	105	66	50	25
155	86	100	64	45	20
150	84	95	62	40	15
145	82	90	60	35	10
140	80	85	58	30	5

注：此测试标准是根据西藏民族大学往年学生测试成绩所制订。

附表2-3　10个下手发球测试标准

个数	分值	个数	分值
10	100	5	50
9	90	4	40
8	80	3	30
7	70	2	20
6	60	1	10

注：此测试标准是根据西藏民族大学往年学生测试成绩所制订。

附表2-4　1分钟"8"字往返跑测试标准

圈数	分值	圈数	分值
6.5	5	11.5	55
7	10	12	60
7.5	15	12.5	65
8	20	13	70
8.5	25	13.5	75
9	30	14	80
9.5	35	14.5	85
10	40	15	90
10.5	45	15.5	95
11	50	16	100

注：此测试标准是根据西藏民族大学往年学生测试成绩所制订。

后　记

兴趣是最好的老师。那么，如何才能让学生积极且充满兴趣地参与体育活动呢？美国俄亥俄州立大学的西登托普教授开发的运动教育模式（sport education model，SEM）很好地回答了这个问题。运动教育模式基于游戏理论，在体育课堂上，以学生为主体、教师为主导，将所有学生分成不同小组，人人以不同角色公平参与比赛或活动，共同体验团队活动的成功或失败。运动教育模式不仅能发展学生的体能、基本运动技能等，也能激发学生的运动兴趣、自主参与的积极性，更能培养学生的吃苦耐劳、团结协作等精神意识。

实际上，选择此研究方向缘于我读博士研究生期间关注学校体育与健康课程改革与教学及其对儿童青少年健康促进等相关问题。从首次参与华东师范大学体育与健康学院关于"体育美育"国培计划等活动时了解运动教育模式起，到《运动教育模式的国际研究热点述评》一文的发表，到西藏自治区教育科学"十三五"规划课题"西藏高海拔地区中小学引进运动教育模式的教学实践探索"的立项，再到《全面发展视域下的高原运动教育研究》一书的出版，寒来暑往，历经数年；从起初对课题研究的懵懂到对国内外运动教育模式等相关资料的慢慢爬梳，我逐渐看到了运动教育模式在高原学校运动教育中蕴藏的丰富"矿藏"，愈发明确了研究的重点和方向。

《全面发展视域下的高原运动教育研究》是由西藏民族大学学术著作资助项目、西藏自治区教育科学研究项目、教育部人文社会科学研究青年基金项目资助出版。该书立足西藏学校体育区情和发展实际，在梳理国内外运动教育模式等理论文献的基础上，剖析了西藏高原藏族学生健康行为发展现状，构建了高原藏族学生健康行为发展影响因素的理论模型与评价体系。在西藏学校体育与健康促进发展历程中，此类研究不多，本书对学校体育与健康课程改革高质量发展起到了理论支撑作用，对着力推进以

"神圣国土守卫者，幸福家园建设者"为主题的乡村振兴战略人才的培养有一定的意义。

本书是针对高原运动教育的专题研究，是着力推进学校体育与健康课程改革，提升藏族学生体育与健康学科核心素养的基础性研究。由于研究内容涉及范围广、调研种类多、学段覆盖全，研究结论尚需在教学实践中进一步进行动态调整。

在这里，我要特别感谢西藏民族大学在资金、研究开展等诸多方面给予本研究的大力支持、帮助，以及提供的平台。感谢我的恩师汪晓赞教授在学术路上的引领、启发、鼓励、支持和帮助，每当我迷茫彷徨时，老师不仅给我勇气和前行的动力，更会给我切实可行的建议，让我非常感动，同时也不断鞭策我更努力钻研。最后，感谢中山大学出版社的嵇春霞、李先萍编辑及其同仁对本书出版的辛苦付出。感谢本书所涉理论文献的所有作者们，最后也要感谢一路上给我支持、帮助和鼓励的家人、朋友们！

张李强

2024 年夏于咸阳